童样空间

CHILDREN'S SPACE

幼儿园
创意
设计

CREATIVE AND
CHILD FRIENDLY
KINDERGARTEN

吕丹娜 王丽丽 郭媛媛 编著
张晨 译

辽宁科学技术出版社
·沈阳·

图书在版编目（CIP）数据

　　童样空间：幼儿园创意设计 / 吕丹娜，王丽丽，郭媛媛编著；张晨译 . — 沈阳：辽宁科学技术出版社，2018.7

　　ISBN 978-7-5591-0646-9

　　Ⅰ . ①童… Ⅱ . ①吕… ②王… ③郭… ④张… Ⅲ . ①幼儿园－环境设计 Ⅳ . ① G617

中国版本图书馆 CIP 数据核字 (2018) 第 044491 号

出版发行：辽宁科学技术出版社
　　　　　（地址：沈阳市和平区十一纬路 25 号 邮编：110003）
印 刷 者：深圳市雅仕达印务有限公司
经 销 者：各地新华书店
幅面尺寸：230mm×290mm
印　　张：17
插　　页：4
字　　数：220 千字
出版时间：2018 年 7 月第 1 版
印刷时间：2018 年 7 月第 1 次印刷
责任编辑：于　芳
封面设计：关木子
版式设计：曹　琳
责任校对：周　文

书　　号：ISBN 978-7-5591-0646-9
定　　价：298.00 元

编辑电话：024-23280070
邮购热线：024-23284502
E-mail: editorariel@163.com
http://www.lnkj.com.cn

前 言

　　"以幼儿为中心"目前是一个普遍被幼儿教育界所接受的中心指导思想，这意味着指导者或教师会根据幼儿的身心发育和发展情况来制定指导方案，人们会看到当今为配合这一指导思想而同时改进的更加开放性和多样性的幼儿园空间，这样的幼儿园更为孩子所喜爱，也更益于幼儿的身心发展，因此为了能使更多的设计师设计出"以幼儿为中心"的幼儿园空间，正是这本书策划的目的。

　　设计服务于幼儿的特殊空间，这不只是单单进行简单的室内装饰，还应思考影响设计的种种因素，并且如何利用这些因素来进行设计，最终引导幼儿的个性发展，激发他们的创造力，健康成长。简单说来，设计一个"以幼儿为中心"的幼儿园要明确，什么样的幼儿园是孩子所喜爱的？什么样的环境才会吸引他们？什么样的空间是有益他们的身心发展的？我们经常能看见那些色彩斑斓并拥有各式各样游戏器械的幼儿园，是不是这样的一个幼儿园就是孩子们喜欢并对他们有益的呢？其实形式上的刻意模仿代替不了实质性地改变思维来为幼儿而设计，在设计一家幼儿园之前，作为设计者更应该全方位地了解设计此类幼儿园的设计要义与精髓。

　　在本书中，我们不想以更多的理论说教来指导专业的读者，而是尽可能多地分享给设计师更多的实用经验和秘诀。作为一名能够参与到幼儿园空间设计的设计师和建筑师来说，遇到的问题往往会是由于幼儿园空间的特殊性而带来的一些问题，这包括在幼儿园的空间规划上，活动空间的设计上，或者在家具设计与色彩的搭配等方面。

　　以此，本书分为幼儿园空间规划、活动空间设计、家具设计和色彩搭配这四个章节，每个章节以优秀的案例解答设计者经常会碰到的问题。其中每个章节都围绕"以幼儿为中心"的设计原则，首先在理论上列出了相关内容的设计要点和注意事项，这些事项是在基础设计和施工规范之外，为设计师提供的一些实用设计指南和注意事项。接下来就以问答的形式安排了设计师进行了答疑，且由具体案例进行更详细的讲解。

　　"以幼儿为中心"是一个很宽泛又值得深入去研究的议题，再与建筑学形成交集之后，更是需要专业读者去更加潜心地研究以丰富和推进我们现有的空间环境。在开启各章的内容之前，首先我们带来几位资深幼儿园设计师和建筑师围绕幼儿园空间规划、活动空间设计、家具设计和色彩搭配四大方面的经验分享，以及他们各自的实践结果，这些分享和成果的展示是在设计一家"以幼儿为中心"的幼儿园时一定不容错过的干料，就让我们以这种直接地展示方式开启我们的创意幼儿园设计之旅。

一定要知道的经验分享

有关幼儿园的空间规划设计

一个好的项目应该是一个协调孩子们发展活动的地方。它应该能够与它的使用功能相对应，同时也能保持新鲜感。神经学的研究表明，孩子们在让自己充满信心的环境中适应能力更好。一切类似曲折迷宫和隐藏洞穴的东西都有可能激发他们的想象力。我们以此为基础进行了积极的尝试，希望孩子们获得足够的自信，进而茁壮成长。

在幼儿园设计上，我们的建筑理念是打造尽可能开放的空间。这些生活区域是视觉上相连的，这样孩子们就能感受到自由的氛围。托儿所最多可以容纳 30 个孩子。它的规格需要减小，以便让孩子们感到舒适：我们认为单元结构的规格应该和家庭里的一样，而休息区应该看起来更像卧室而不是宿舍。景观构成了项目的一部分，将孩子与外界和四季等元素联系起来。

在这个项目中，我们设计了一个以粉色中心区域为核心的建筑。这里是接待区，是父母与孩子分开，把他们托付给专业人员的地方。这是一个分离的地点，所以我们尽可能地让空间的组织传达快乐的信息。这个空间的设计尽可能的不正式。这些体量看起来是飘浮着的，炽热的红色打造出迷人的万花筒效果。

透明的区域揭示了其他的空间，而生活区的设计形成一个保护建筑核心的圆顶。

庭院设计遵循了同样的理念逻辑，整个建筑揭示出设计的多重层次。

——多米尼克·古龙设计事务所

2006 年，位于兰斯的马丁·佩勒学校项目获得由 OCDE 组织的"最佳教育建筑"奖项。2008 年，事务所获得"瑞士建筑奖"提名。同年还获得了"当代建筑欧洲联盟奖——密斯·凡·德·罗奖"的提名。

可持续发展的概念、对历史背景的尊重以及对环境及其生态的责任感是事务所的主要关注点。除了进行建筑设计，多米尼克·古龙也在斯特拉斯堡的巴黎建筑学院任教，他在那里创立了"建筑复杂性"的硕士课程。

事务所将跨学科工作获得的丰富信息用于设计，在每个建筑项目中寻找新颖的动态方案。复杂性也成为了建筑工程中的催化剂。

自 2008 年以来，奥利维尔·尼科尔斯和史蒂夫·勒斯沃·杜洛斯成为事务所的合伙人，组成了多米尼克·古龙设计事务所。2014 年，本杰明·罗基也成为了合作建筑师。

一定要知道的经验分享

有关幼儿园的活动空间设计

了解学龄前儿童的需求是很重要的，在不同的活动、游戏情境和不同的场地进行观察很有必要。孩子们经常会激发出好点子。同样重要的是要注意该地区的天气状况，想想如果经常下雨或者经常是晴天，孩子们会在哪里以何种方式度过在幼儿园的时光。当然，设计也要考虑到年龄等因素，让孩子感到舒适，并能在任务的解决中表现出独立。同时，也要保护他们不受有害环境的不利影响，例如，有可能伤害到他们的电器或物品。对此类项目的建筑规范和卫生标准的了解发挥了很大作用。项目初始阶段也邀请教师参与磋商探讨。

将为不同年龄的受众开发项目作为基础，开展设计工作，假设一个大家庭，里面所有的空间都对所有人平等开放，在几个不同的区域中，不同年龄的孩子可以平等地玩耍。这些空间可以帮助他们选择他们想要的内容并可以参与其中。而且重要的是，在这个空间里他们可以做很多事情。创造一个孩子们有意愿去调查、学习空间的氛围，我们帮助孩子们寻找问题的答案，并成功找到答案。

开放式的空间规划帮助孩子自由地感知，活动区域有助于释放能量，在舒适的地方可以休息和独处，在工作室里可以从事创造性活动。通过从一个区域到另一个区域的切换，孩子能够获得独立的机会并实现自己的潜能。每一个新的空间都配备了新的装饰材料：树木、混凝土、陶瓷和织物。它们分别给予孩子不同的触觉感知，帮助孩子们学习世界，比较触觉的不同、材料的不同、表面的不同。甚至有一整个房间都是用来帮助孩子们了解水和它的属性的。日常生活中很少出现的各种形式：弧形的墙壁，房子上的窗户，可用于游戏或休息的小洞，迷宫洞穴，戏水的水池。所有这些都抛开标准的环境设定，给想象力和创造力提供了机会。

——斯特列利琴科·安德烈·瓦列立昂维奇

1977 年 12 月 8 日出生在鄂木斯克市。1993 年，搬到了圣彼得堡。2003 年，在圣彼得堡建筑与土木工程州立大学毕业，与圣彼得堡的多家建筑团队合作，获得了建筑设计实践的宝贵经验。自 2008 年起，开始进行独立设计活动。专业领域涵盖从个人住房的室内项目到各种公共建筑工程。

有关幼儿园的家具设计与材料选择

儿童家具对儿童的发展有很大的影响。

我们为孩子们进行空间和家具的设计。我们的设计支持孩子们进行学习、社会交往，形成对颜色和设计的感知，让生活更快乐也更简单。在使用这些家具的过程中，孩子们成为环境的发现者和创造者。家具既可以在幼儿园，也可以在私人住宅里使用。

我们的家具既是日常用品，也是玩具。它鼓励孩子发挥想象力，进行社交，并养成独立的特质。通过趣味盎然的使用过程，孩子们与家具和房间之间建立了情感联系，因而感到轻松自在。

在幼儿园里这点就显得尤其重要，因为对孩子们来说，要融入这个家以外的新环境是一个巨大的挑战。

我们的家具是：

—多功能的

—节省并创造空间的

—联系情感的

—支持幻想的

—教授材料知识的

—具有生态和社会可持续性的

我们的空间和家具设计使玩具变得多余。它们通过轴向关系、移动和运动元素、隐藏地点来促进社交活动的进行。这些社交通过自由且富于联想的设计来鼓励想象力的发展。配色方案既令人兴奋又传递镇静和秩序感。

孩子们成为他们周围环境的发现者。

精心设计的室内空间为孩子们创造了安全和幸福的环境，帮助他们融入到幼儿园的日常生活中。这样的室内设计也支持家长和幼儿园老师之间的沟通，建立一个可以会面的空间——一个精心设计的环境为良好的社交环境提供基础！

感觉舒适对健康也是非常重要的。如果幼儿园的老师们感到快乐，他们就会工作得更好、更有力量，也会更少生病。

这样的设计创造出充满关爱的聚会意识。

一个全面而敏感的设计环境会给孩子带来安全感和良好的感觉。这些情绪使得从家里到幼儿园的过渡容易一些。设计应该为家长和教育者之间的交流提供空间，为孩子和成人创造一个健康的环境。

这些空间有望让每个人都变得强壮、快乐，它们也适合开展健康的聚会活动。

——baukind 建筑事务所

有关幼儿园空间的色彩搭配

以辛纳斯瓦德尔幼儿园中的配色为例。

将色彩用于定位和辨识！

这间位于柏林的辛纳斯瓦德尔幼儿园可容纳 65 名失聪儿童。三层空间里，墙壁上的大面积动物形象引导孩子们进入自己的房间。本项目的挑战是在建筑中设计一个既有趣味性又适合儿童的导向系统。设计团队希望打造出孩子们可以自由探索的房间，同时也是休息的安全之所。Baukind 建筑事务所针对各个楼层开发了一套配色和动物形象，与树的根、树干和树冠三部分相呼应并和谐共存。这些动物形象引导孩子们从大门到以这些动物命名的活动教室：橙色的狐狸组、紫色的兔子组等。

一楼是一到三岁年龄段孩子的主要活动区域。这里采用的是暖色和大地色，从紫色、棕色到红色，象征着树的根。这层的动物形象是一只虫子和一只兔子，它们都是在树干附近活动的动物。

经过充满活力的黄色和橙色过渡，来到二楼，这里是 3 岁以上年龄较大孩子的活动空间。一只狐狸和一头小鹿引导孩子们进入房间；这两种动物代表了树干周围的区域—依然脚踏实地，但已经在延伸和生长。

三楼轻盈振奋的各种绿色和蓝色包围的是年龄最大的孩子们。三楼描绘的是树冠和两种典型动物：猫头鹰和松鼠。这里鼓励孩子们去触摸天空，放飞他们的想象。带有可移动装饰的松鼠平台，鼓励孩子们构建自己的创意场景。它还可以作为一个温馨柔软的休息场所。

——baukind 建筑事务所

baukind 是一家总部设在柏林的建筑设计事务所。baukind 建筑事务所擅长幼儿园的新建和翻新项目。事务所的团队由建筑师、景观设计师和产品设计师组成。通过多领域间的密切合作，事务所得以向客户提供独特的服务，使每一个项目都能获得全面的改造和开发：从最初的创意到每一个细节的敲定，面面俱到。baukind 建筑事务所的作品包含了各种服务儿童的建筑项目：幼儿园、儿童鞋店、室内游乐场、儿童牙科诊所、儿童咖啡馆或家庭旅馆。baukind 建筑事务所还为每个项目提供配件和家具。只因为建筑和家具和谐搭配才能形成优美的环境。

CONTENTS 目录

第一章　幼儿园空间规划

第二章　幼儿园中的活动空间设计

第三章　家具及材料的设计与选择

第四章　色彩的搭配与选择

第一章
幼儿园空间规划

　　根据当今幼儿教育的发展要求，幼儿园的空间规划与幼儿园教育有着密切的联系。以前由于东西方教育理念的不同，幼儿园的空间规划也有着各自的特点。然而随着诸多发展中国家教育理念的改变，人们意识到幼儿的生理、心理、行为与空间的环境有着直接的关系，为了满足以幼儿身心发展为核心的教育理念的需要，当今幼儿园空间规划整体呈现了多样性和开放性的特点。除了在满足幼儿园基本的保育功能的同时，幼儿园空间的规划还要适应当今对游戏空间、共享空间、特种活动空间和表演空间等的要求。

　　本章主要概况了对幼儿园的空间规划设计中，建筑师和室内设计师需要特别注意的设计要点。这些事项是在基础设计和施工规范之外，为设计师提供的一些实用设计指南和注意事项。此外，针对设计师在处理实际案例时经常会碰到的难题，本章安排了设计师进行答疑，且列举具体案例进行更详细的讲解。

设计要点

●在规划之初，请明确各地政府要求的单独一名幼儿在幼儿园室内外各自所需的最小空间面积

●室外空间的规划可根据当地的气候特点来设置空间的形式，并且空间规划需要注重对应急天气的防护。例如多雨地带，可以在室外空间适当按比例设置带遮雨棚的空间

●室内外多功能活动区不能相互替代，按室内外活动的特点分别进行设置

●室内空间的安排要注意教室和活动室的自然光照情况。主要教室要尽可能朝南

●确保安全，幼儿园应使人员流动限制在尽量少的出入口，最好只设置一个出入口或者一个出入口外加一个服务通道

●教室之间可以保持视觉和声觉上的联系

●教室内规划应能满足幼儿的食宿要求，空间规划应足够灵活，能够满足特殊情况的需求；教室内还要规划出足够存储幼儿和教师个人物品、日常教学材料和设配的空间

●尽可能地设置方便幼儿从教室通往室外活动空间的通道和出入口

●幼儿园专门为家长设置的空间包括，入口／接待室、会议室，教室内用于观察、参观、哺乳、与教师协商交谈的空间。如果设置哺乳区域应注意区域的隐私保护，区域最好设置在午睡区的附近。

疑难与解答

在为幼儿园做空间规划时，设计师通常需要面临以下问题的挑战：有限的空间，如何根据幼儿园的空间需要来规划空间？空间规划要注重幼儿的安全性，又要符合他们身心的发展注重开放性，这在空间规划时需要如何平衡？一些在旧建筑内改造的幼儿园，怎样按照幼儿园的各种理念来规划空间呢？幼儿园的空间与幼儿的自学能力和探索能力息息相关，如何规划幼儿园的空间能起到促进幼儿自学能力、活动能力及兴趣爱好的作用？

面对这些问题时，一些成功案例的设计师是这样用他们的案例来回答的。

Q 如何为空间极为有限的幼儿园规划空间？

A 在空间紧张的楼层设置公共区域，将与孩子有关的区域设置在较为宽敞的楼层；在孩子相关的活动区域，依照孩子的尺寸设计家具和游戏空间，尽可能利用角落空间，在有限的空间营造趣味空间，特别注重孩子们坐在角落、窥探周围和感受保护的能力，最大限度地为孩子们扩大视野。

——ZAmpone 建筑设计公司，"Pluchke"幼儿园

Q 如何在空间狭窄的幼儿园为孩子们规划出更多活动空间？

A 在幼儿园内设置造型奇特或具有象征意义的中心活动区，这样可以处理空间的局限和需要活动空间促进孩子身心发展的矛盾；设置能够同时满足多种功能的区域增加空间的容积；利用色彩连贯性和材料使空间看起来更大、更明亮，例如室内外采用同样颜色的地面材料并采用滑动玻璃门，让孩子们同时体验室内外活动空间，并对所处环境的变化保持关注，当滑动门打开时，空间扩大了至少两倍。

—Lipton Plant Architects 建筑事务所，

The Bath House 儿童社区中心

Q 如何规划空间能让幼儿园更安全，又不限制幼儿的身心发展？

A 注意调整室内外活动空间的位置和关系，通过调整幼儿园内建筑朝向来弥补在室内空间活动日晒不足以及不能足够接触自然的情况，并根据不同年龄段孩子的特点来规划不同的空间，例如低龄孩子的房间几乎完全将孩子拥抱其中，而一组供年龄较大儿童使用的房间则不那么封闭，鼓励孩子们在合适的时间探索更大、更广阔的世界；空间的布局结合幼儿园所在地的自然和民俗特色，确保幼儿在园内有如家般的安全感；设计孩子们的

房间采用的是更有趣味、更为碎片化，也更细致的方式，因此尽可能多的利用室内空间联系室外空间，创造空间趣味性，例如走廊沿着断断续续的游戏室伸展，为房间提供自然光（北向）和自然景观。与此同时，走廊多变的宽度也可以作为游戏室使用。

—ARHI-TURA d.o.o. 设计事务所，
卢布尔雅那，里布尼察幼儿园

Q 如何规划空间能让幼儿园既能兼顾安全性和活动上的开放性？

A 设置的围墙高度应能兼顾保护儿童在室外活动区内玩耍的安全性和视野的开放性。
增加空间的层次性，利用不同的空间高度和统一的色彩强调空间的连续性，错落交叉的空间可以让空间兼具封闭性与开放性；空间隔断多样性，多利用自然光，加强室内外空间的联系同时还能增加趣味性，例如在不同楼层之间安装的多扇透明窗口，这对自然光的巧妙利用使空间像万花筒一样有趣。

—多米尼克·古龙设计事务所，布尔日间托儿所

Q 如何为新的教学理念在老建筑里为幼儿园重新规划空间？

A 作为一名设计师，首先应该了解老建筑的原始设计法则和特点，之后融入新的附加物和规划，而不是拼贴组合。
设计理念追求的是连续性和融合性，而不是仅仅选择适合学校当前需求的建筑原本特征，进行排列组合。
Aberrant Architecture 工作室的联合创始人大卫·钱伯斯说："我们奉行的是一种连续性的设计理念，从建筑的过往中借鉴一些适合学校目前需求的特征。
"因此，设计团队的第一个任务是将建筑的历史拆解开来，理解它原本的爱德华时期式的设计原则和特点，以及室内随后添加的特别元素。"

此外，灵活的空间应搭配可以移动式的多功能家具，以配合多变的灵活空间，创新、可移动和多功能的家具元素提供多种储物选项，可根据学校的学生或其他社区需求的变化进行调整，创造出一个引人入胜的互动氛围。

——Aberrant Architecture 工作室，
罗丝玛丽幼儿园

"洞穴"，里面有枕头，而孩子们可以在周围更活跃的区域里觅得一方宁静。

——朱·科特尼克建筑事务所，
斯马特努分时共享幼儿园

Q 如何规划幼儿园的空间才能满足孩子们的不同兴趣爱好？

A 利用空间的特性为孩子创造室内外特别的娱乐场地，例如利用一个可以连接室内外的大型坡道连接起室内外，形成一个令人兴奋的娱乐场地，但要注重安全性；规划上，午睡区域集中，将其他空间尽可能地设置成娱乐空间，空间使用能吸引孩子注意力的材料，注重趣味性。

——BUROBILL & ZAmpone 建筑事务所，
"新馨乐园"日托中心

Q 如何通过空间和建筑结构的重新规划将住宅改造成一家充满家庭氛围的幼儿园？

A 在外部给旧建筑一个充满想象力，能够吸引孩子的外壳；保留原有住宅中的突显建筑底蕴的部分，将新扩建的空间与原有结构相连接，彰显家的氛围；借助由新外壳和新旧结构交接的特有条件，为孩子们规划更有意思的"小角落"和与众不同的天窗，为空间增添温暖和趣味。

——MAD 建筑事务所，四叶草之家

Q 如何规划幼儿园的空间能更利于孩子们的自主学习？

A 规划开放式的空间，让各个活动室以有趣的方式相通，使幼儿园成为由各个活动室组成的整体性的学习乐园。
规划空间功能时，确保各空间功能的多样性和差异性，让孩子了解更多的课程并能明确自己的兴趣. 室外活动区域通过不同的自然材料来规划区域，易于孩子们熟悉自然环境。
该类型幼儿园的核心是多用途的中央区域，规划设计一个多功能的核心区域，这个区域要足够的有趣和有特色，吸引孩子经常来这里，例如一个多功能的彩虹楼梯。彩虹楼梯能够帮助孩子们学习颜色和数字，而墙壁上的黑板是孩子们展现艺术天赋的大画布。楼梯下方是存储空间和一个特别的

接下来的几个案例，是设计师根据疑问通过案例进行的详细解答。

"Pluchke" 幼儿园

地点：比利时，布鲁塞尔
面积：1,200 平方米
设计：Zampone 建筑设计公司
摄影：蒂姆·范德·威尔德

一层平面图

1. 入口
2. 沙发区
3. 接待台
4. 园长办公室
5. 教师办公室
6. 更衣室
7. 储藏室
8. 厨房
9. 洗衣房
10. 洗手间

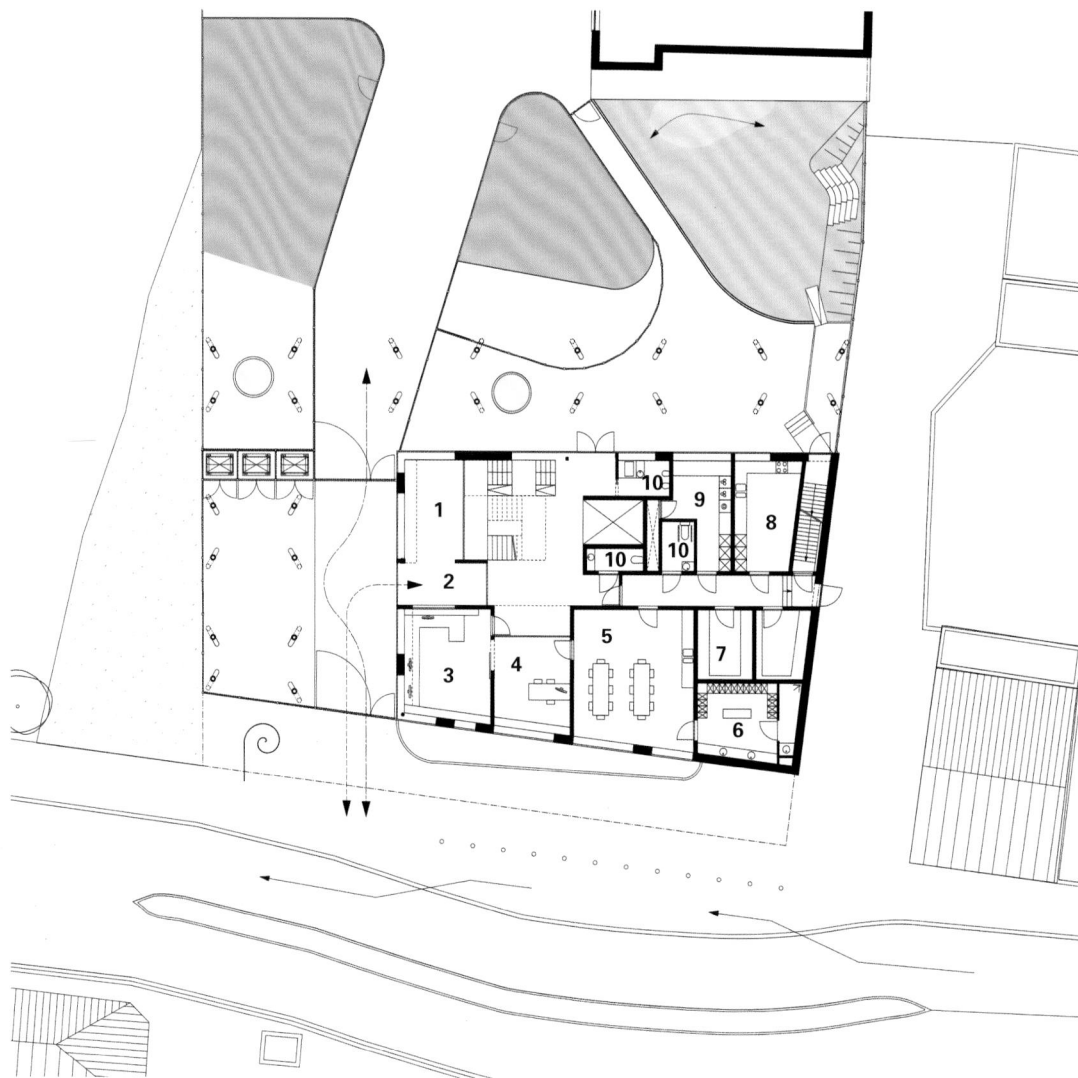

项目简介：

项目着眼加强升级现有日托中心在城市环境中的容量，为 35 ~ 75 个孩子提供日托空间。现有的日托中心坐落在一个破旧的教堂里。Zampone 的设计团队选择将其拆除并从头开始。

项目所在的地点还有一所学校和一间教区大厅。最终经过业主的配合以及建筑师对场地周边涉及各方的谨慎考量，项目才得以实现。

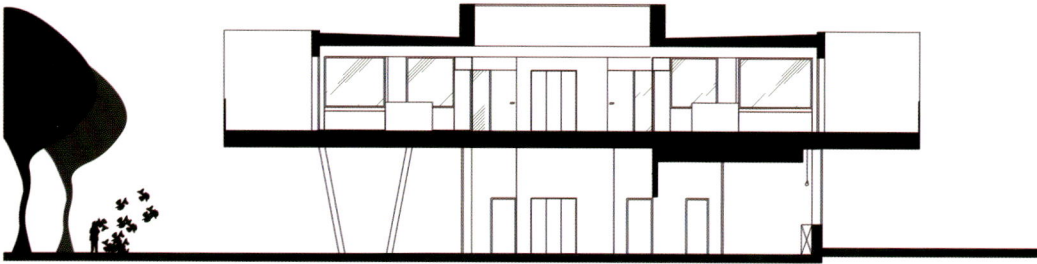

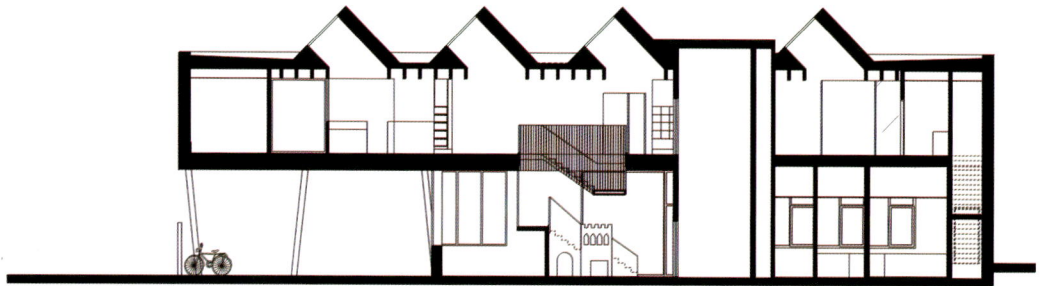

A 在空间紧张的楼层设置公共区域，将与孩子有关的区域设置在较为宽敞的楼层。

由于场地大小十分有限，设计团队选择将与孩子们有关的区域设置在二楼。

减少一楼的占地面积，同时扩大上层空间，打造一个强调从街道到学校和教区大厅过渡的公共空间。建筑后方形成的有篷游戏区服务日托中心和学校。

A 在孩子相关的活动区域，依照孩子的尺寸设计家具和游戏空间，尽可能在有限的空间营造趣味空间。

中央天窗和与露台相连的活动区使得二楼整体空间通透宽敞。

Zampone 期待在温暖的环境和明亮的自然光中，这个以孩子们为主体的空间会使他们获得新奇的体验。

项目中有趣的细节包括一段包含木制滑梯和城堡造型的楼梯，以及一组供孩子们打盹和阅读的小洞。所有的家具都是考虑孩子的体型和感知能力而特别定制的。设计团队特别注重空间是否能最大限度地为孩子们扩大视野，让他们能安稳地坐在角落里去窥探周围的环境，并产生安全感。

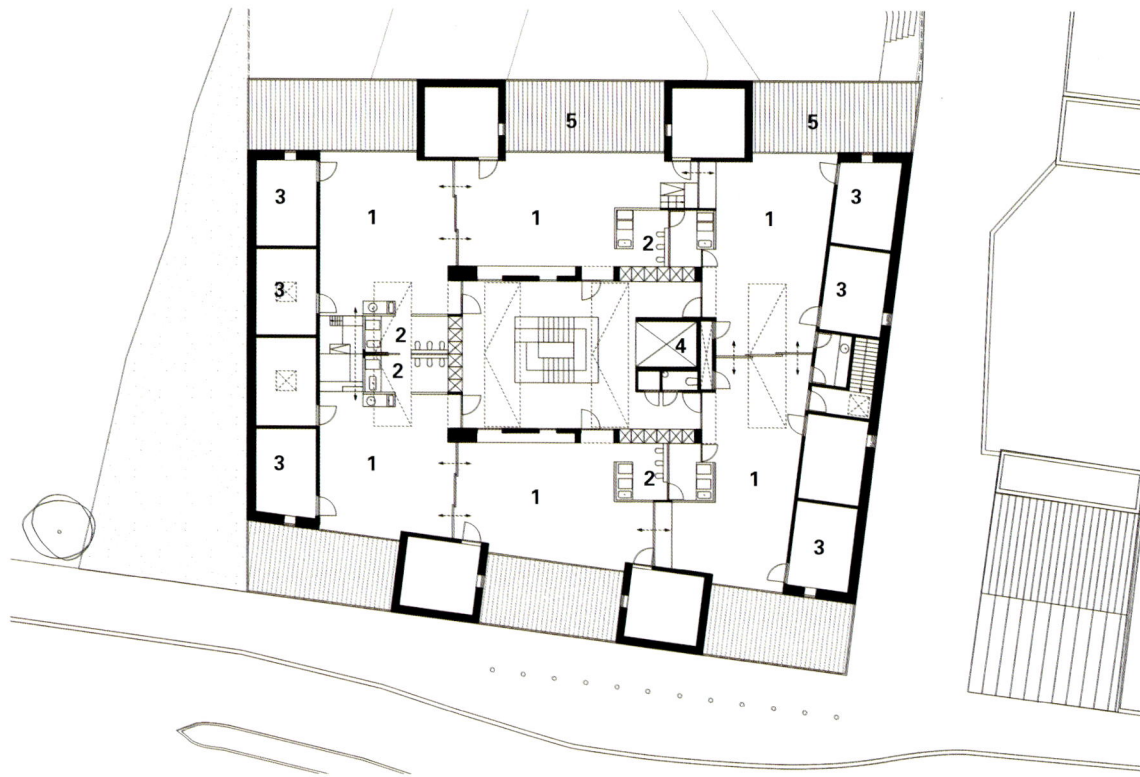

二层平面图

1. 活动空间

2. 盥洗区

3. 午睡区

4. 电梯

5. 露台

The Bath House 儿童社区中心

地点：英国，伦敦
面积：80 平方米
设计：Lipton Plant Architects 建筑事务所
摄影：大卫·温缇勒

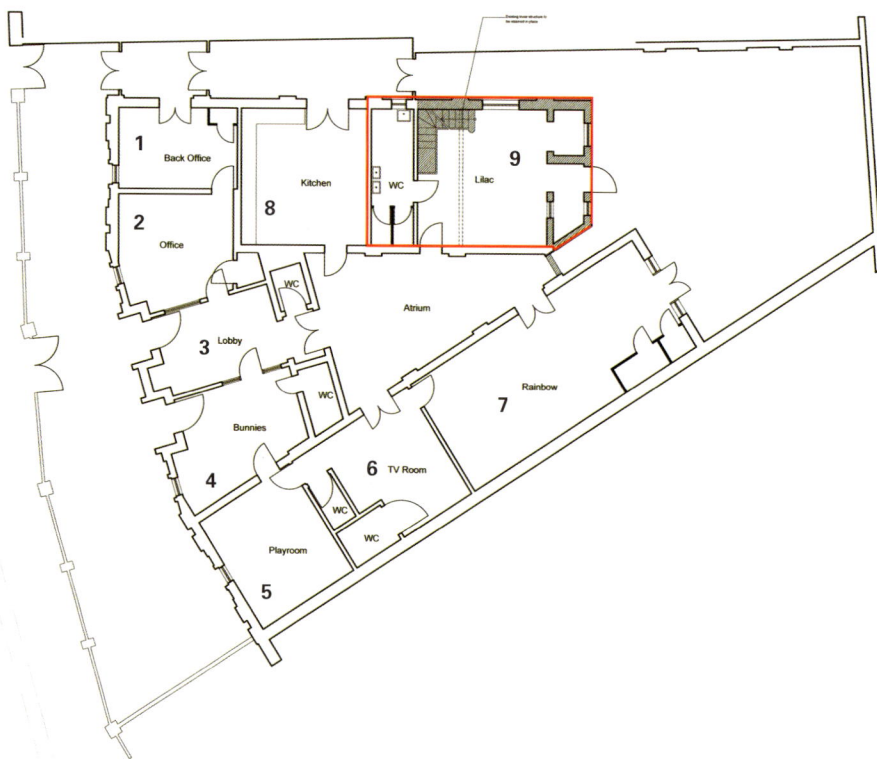

平面图
1. 后勤办公室
2. 办公室
3. 大厅
4. 兔子室
5. 游戏室
6. 电视室
7. 彩虹室
8. 厨房
9. 丁香花室

项目简介：

Lipton Plant Architects 建筑事务所对伦敦北部达尔斯顿区的 The Bath House 儿童社区中心进行了扩展和翻新。"The Bath House"是一处多功能设施，每天为 1 ~ 5 岁儿童提供托管服务，同时也是课后俱乐部，提供节假日托管服务。

托儿中心坐落的地点曾经是一处热门的公共浴池，从 1931 年起直到 20 世纪 80 年代一直为沙克尔韦尔社区提供服务。这座单层红砖建筑由波特兰石装饰，它的线条和设计特点呈现古典风格，让人想起哈克尼区的其他民用建筑。尽管它的规格很小，但它所表现出的建筑态度却很宏大——反映的是其作为一栋民用建筑在那个时期的自豪感。

自 2000 年以来，这座建筑被当做幼儿园使用，再次作为社区的宝贵资产发挥作用，同时也为这栋历史悠久的独特建筑注入了新的生命力。

学龄前儿童原本的活动区域是一组狭窄、黑暗且充满限制的空间。

2015 年，建筑后方和侧面的扩建项目获得伦敦哈克尼区政府的批准。预算是 11.5 万英镑，完成时额外费用控制在了 10% 以内。

工程对幼儿园和承包商方面都提出了一定的挑战，但项目团队成功地在 11 个星期内圆满地完成了工作。在此期间，建筑一直处于孩子们和工作人员的使用状态。

工程于 2015 年 8 月开始。工程以私人建筑管理要求，声学工程师的建议为标准，在幼儿园方面的协助下完成的。

A 在幼儿园内设置造型奇特或结构复杂的中心活动区。

在 Lipton Plant Architects 建筑事务所提出的想法中，设计围绕中心的树状形式展开。这个结构错综复杂，将作为开放式多用途空间的一楼与位于树顶部的，一处可用于安静玩耍、阅读和睡眠的平台连接起来。

树的概念取自丹尼尔·笛福的《鲁滨孙漂流记》里的树屋。这棵"树"将多层楼梯和顶部结构包含在内。

它代表同时也鼓励身体和情感上的保护、冒险、创造力和成长。

建成开幕当天，空间的新使用者，即孩子们、工作人员和家长们都对新空间感到十分惊喜和满意。

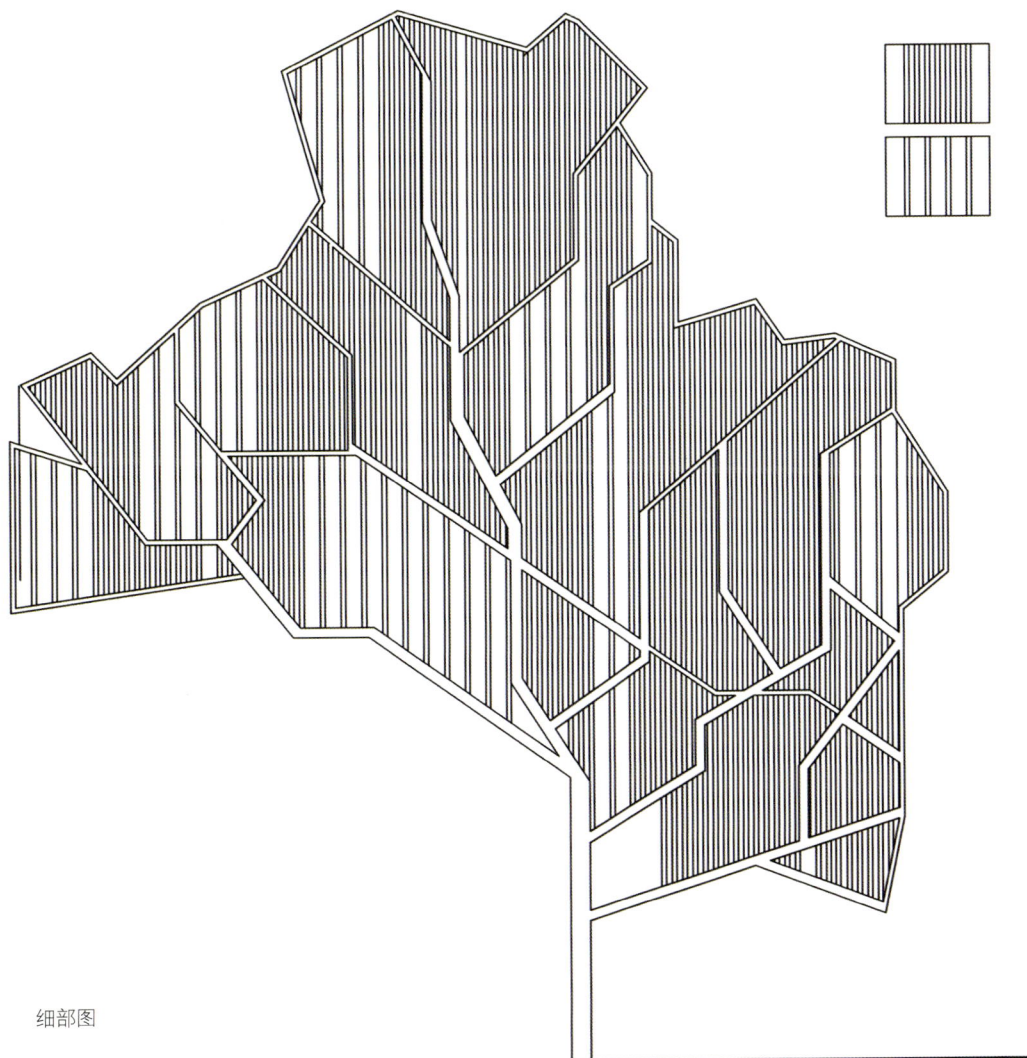

细部图

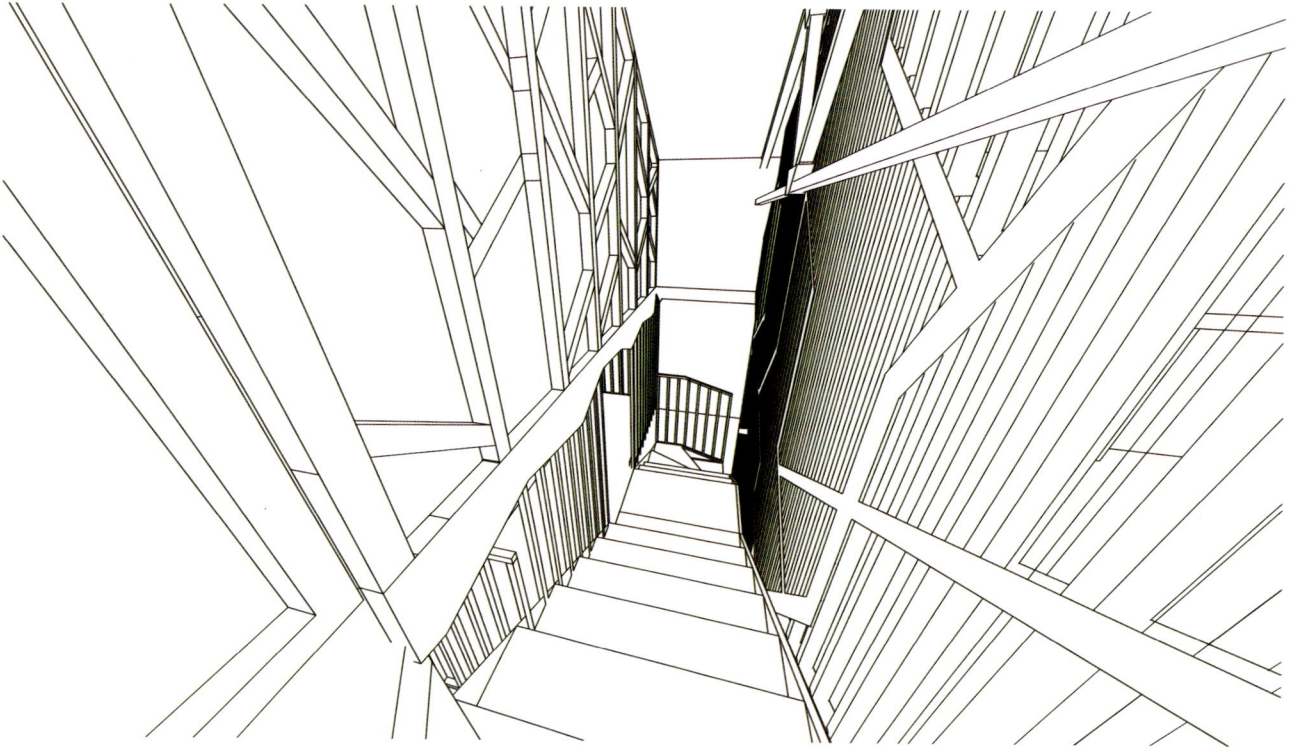

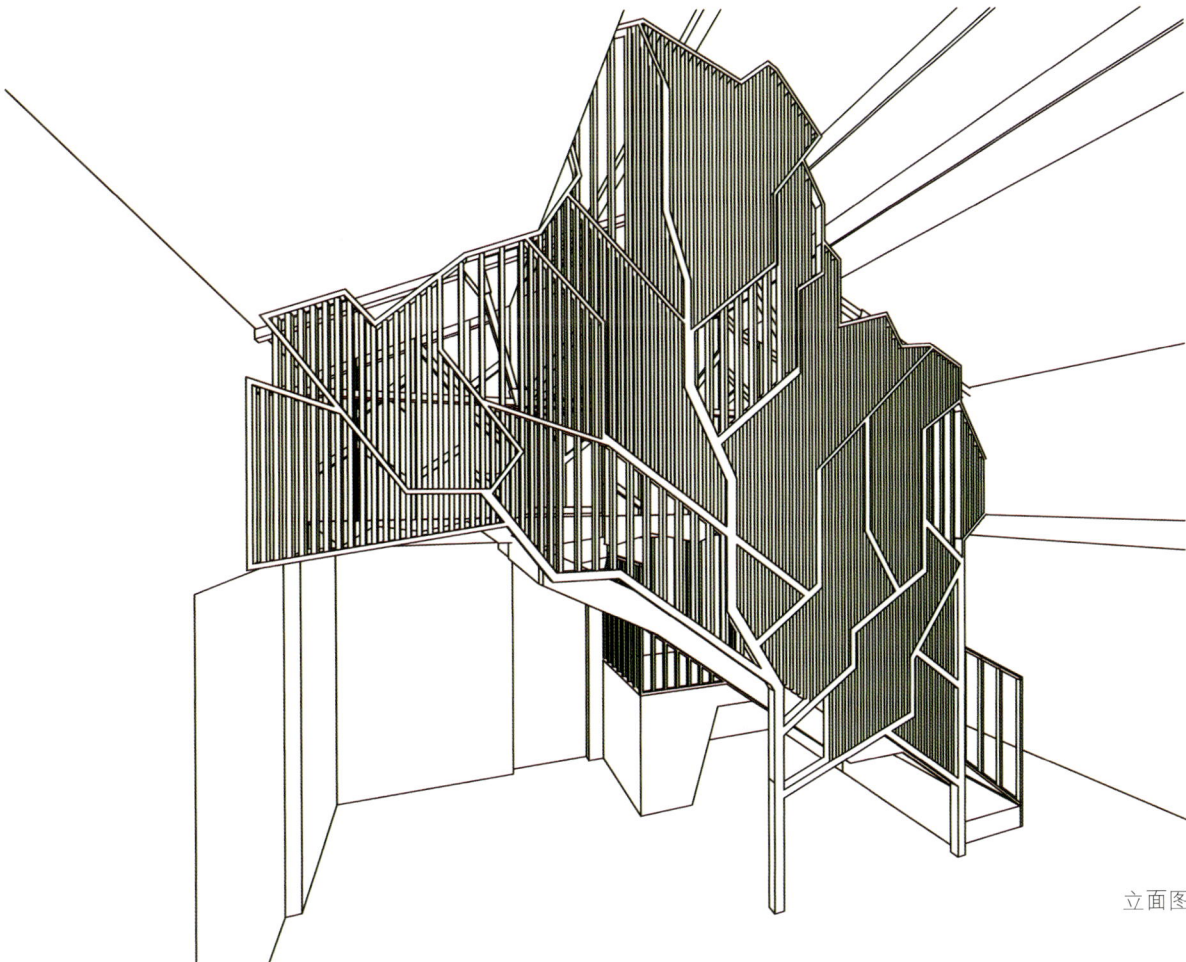

立面图

夹层平面图

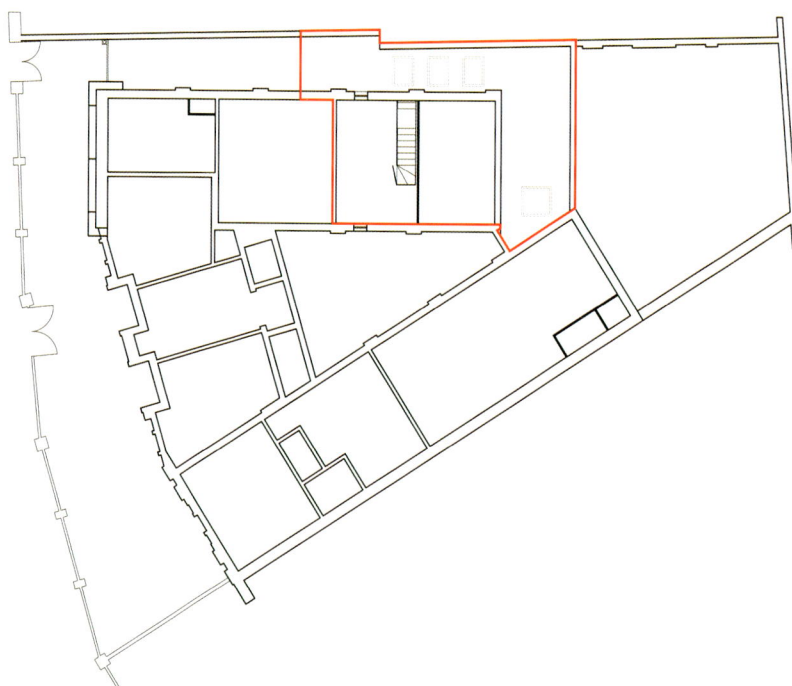

A 为了增加空间的容积，设置能够同时满足多种功能的区域。

设计师引入了一种新的人员流通设计，让家长们可以在衣帽间里接送孩子，帮助孩子脱好衣服和鞋子，工作人员进行签到，并迎接孩子们，将他们带到主厅，同时有效地监督孩子们安全地到达和离开。

增加学前教室的容量，对整体环境的设置在几方面都大有好处。改造后的托儿所能够容纳更多的孩子，主要是那些留下参加晚课和课后俱乐部的孩子。孩子、家长和更大范围的当地社区都体验到了这一改变带来的影响，并在幼儿园收入方面实现了可观且必要的提高。

平台空间是服务低龄儿童的独立睡觉区域，他们在使用这个区域时可以减少其他空间的拥挤状况。这个空间也为更集中的课程活动提供了一个"小群体"的活动区域，以强化更大的孩子的学习和发展。

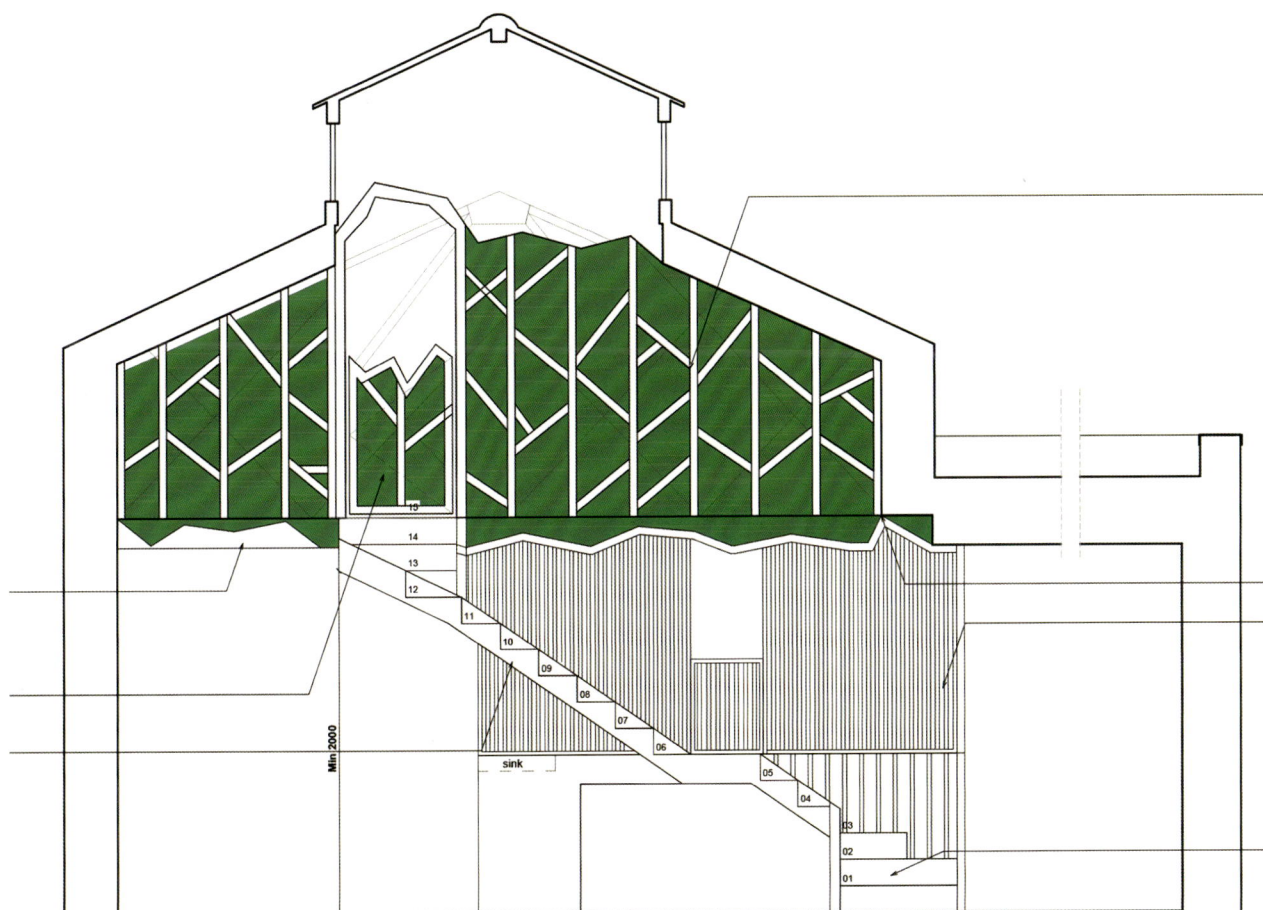

剖面图

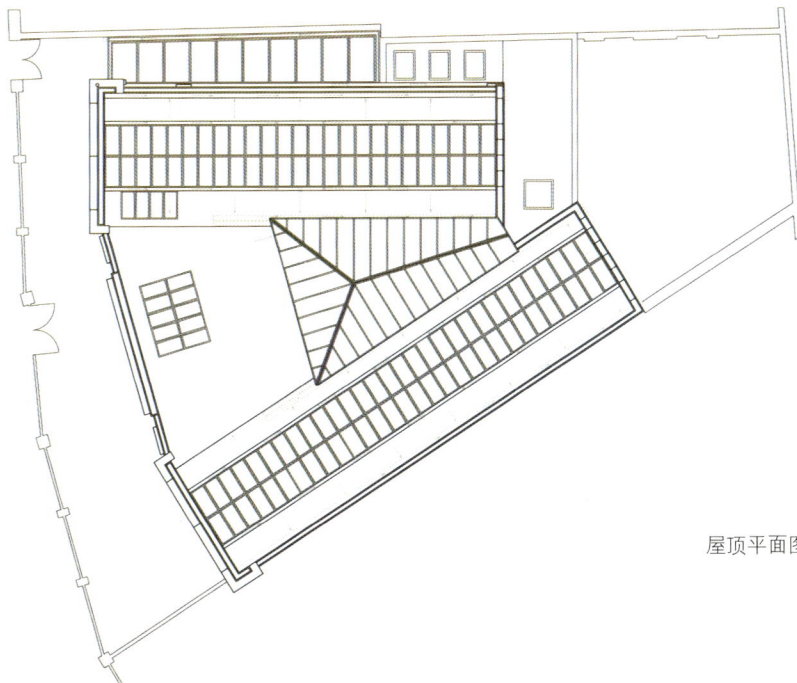

屋顶平面图

立面图

A 利用恰当的色彩和材料使空间看起来更大、更明亮。

建筑外部使用了崭新白砖和醒目颜色的组合，明亮的黄色橡胶地面从室内一直延伸到室外。通向花园的宽敞玻璃门使得孩子们可以同时体验室内和室外环境，与其他组的孩子互动，并对所处环境的变化保持关注。当滑动的绿门打开时，室外区域与它的大面积黄色地面将室内空间扩大了至少两倍。

主要的是，原有空间只保留了外形。设计师通过改进隔热层将建筑的新元素与原建筑的 L 形结构要求保持一致，升级了原建筑的结构。新扩建部分建在坚固的墙体结构上，在内部添加了干质衬里进行隔温。屋顶的天花板进行了彻底升级，屋顶安装的新灯可以达到的电压值比建筑管理所要求的更高。新安装的散热器与原来的锅炉直接相连，提高生产效率。

原有的门是尺寸并不适合的单层玻璃法式木门。设计师将它们换成了丹麦出产的木材与铝材复合双层玻璃门，所实现的热效率远远超出建筑管理的要求。

低能耗的照明装置安装在所有需要的位置，设计也考虑到了未来的升级与维护。

里布尼察幼儿园

设计 / **完成时间**：2010 年 /2014 年

地点：斯洛文尼亚，里布尼察

面积：4,500 平方米

设计：ARHI-TURA d.o.o. 设计事务所，卢布尔雅那

摄影：乔治·塞格拉

场地平面图
1. 行政办公室
2. 幼儿活动室
3. 室外活动区

项目简介：

让幼儿园成为一个建筑师对空间的把控与孩子们的游戏融合的地方。里布尼察新建成的幼儿园是斯洛文尼亚最大的幼儿园。这个项目在一项建筑比赛中赢得一等奖。项目采用的是天然材料，是一栋几乎零能耗的建筑。幼儿园由博扬·莫雷扎，雷纳托·拉纳和彼得·里加维克设计，包含 24 间游戏室，总面积 4,500 平方米，可容纳 400 个孩子玩耍和学习。

在考虑幼儿园在现代社会中的地位时，设计师们认为，一个安全、温暖的地方是孩子发展良好的先决条件。这个地方应该让孩子能够以和平而轻松的方式去熟悉世界和社会。

A 注意调整室内外活动空间的位置和关系，通过调整幼儿园内建筑朝向来弥补在室内空间活动日晒不足以及不能足够接触自然的情况。

幼儿园的房间围绕中心操场，似乎是拥抱孩子的手臂，形成一个安全、温暖的环境。低龄孩子的房间几乎完全将孩子保护其中，而一组供年龄较大儿童使用的房间则不那么封闭，鼓励孩子们在合适的时间探索更大、更广阔的世界。

因此，设计者诚挚地希望幼儿园给孩子们带来的安全与温暖的感觉，能够伴随他们一生。

建筑的平面规划大致呈两个字母"U"的形状，形成两个小区域或隔间，朝向不同。这幢建筑的造型凹凸，适合孩子的体型和地块的特点。一些房间的朝向根据光照、景观、噪声等条件进行了单独的优化。

+5.0
+4.0
+3.0

±0.0

A 结合幼儿园所在地的自然和民俗特色，确保幼儿在园内有如家般的安全感。

此外，设计师考虑到周围现有的建筑环境和自然特征，在项目的位置选定中采取了非常谨慎的措施。里布尼察中心的现有建筑网络为设计师提供了设计灵感。这里的房屋，依次沿街排列。不同房子和不同的屋顶高度之间有着微小的差距。它们形成了一长块不规则形状网络。每间房屋都根据其主人的需要，与邻近的房子有所不同，但又属于这个整体。

同样，幼儿园的房间（游戏室）也沿着共同的活动场地逐个排列。每一间房都不尽相同，但作为整体功能的一部分，出现在最适合的位置。屋顶设计也采用了相同的原则，既保留个体特色又兼顾整体功能。设计师试图在项目中将里布尼察居民近几个世纪以来熟知的原则和形状与现代建筑的原则相结合。

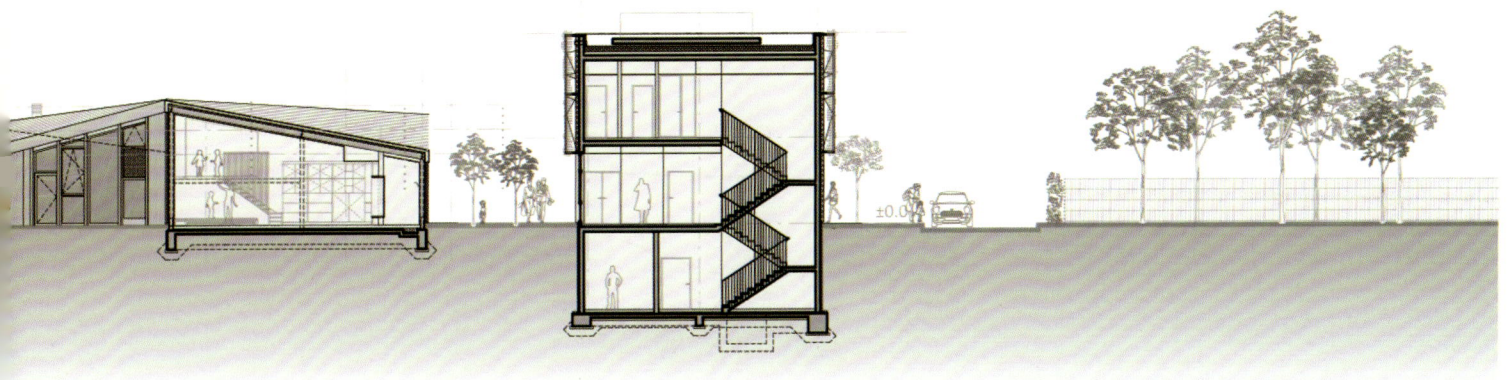

剖面图

A 尽可能多的利用室内空间创造空间趣味性。

儿童建筑的设计与行政、商业建筑的设计形成对比。设计孩子们的房间采用的是更有趣味、更为碎片化、也更细致的方式。因此，它们以不同的角度依次排列，形成两个环绕的大区域，中间形成一个优良的游乐环境。平面图上以及外墙和屋顶上的建筑元素以不同的角度，不同的方式相互作用，共同创造出一幕精彩的建筑表演。

因此，建筑为我们发挥想象力提供了尽可能多的素材。走廊沿着断断续续的游戏室伸展，为房间提供自然光（北向）和自然景观。与此同时，走廊多变的宽度也可以作为游戏室使用。

此外，室内的天花板沿着屋顶造型，形成不同高度的房间。天花板在衣帽间和厕所的位置变低，在游戏室里上升，使得这里的空间更为开阔。在游戏室的最高处，设计师放置了一个可折叠平台，为房间增添额外魅力。走廊在转折处变宽很多，为中心区域留出空间。中央房间的一部分地板以阶梯方式向下延伸，形成剧场式空间。外墙的较长一边将中央区域与公园连通。室内和室外都呈现出丰富的形状、颜色、材质、灯光等元素，为孩子们提供丰富体验创造环境。

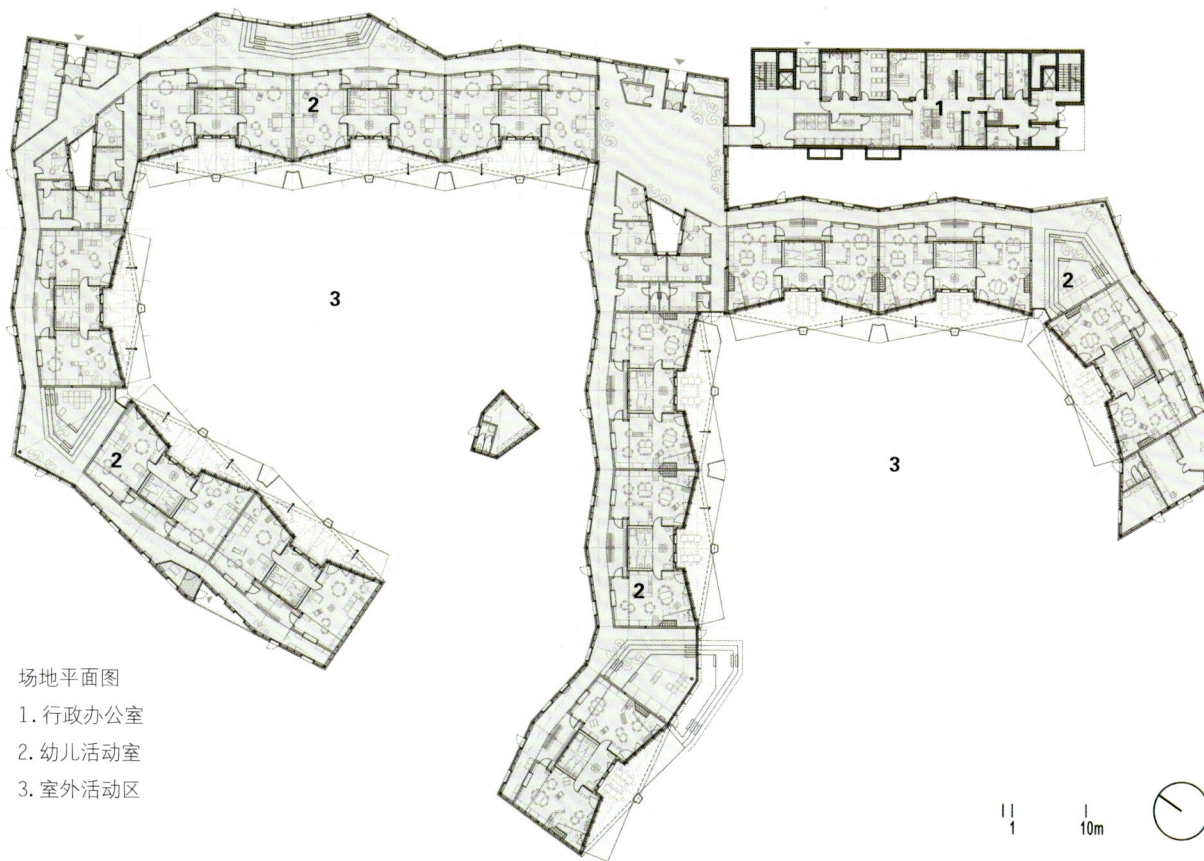

场地平面图
1. 行政办公室
2. 幼儿活动室
3. 室外活动区

布尔日间托儿所

完成时间：2015 年

地点：法国，布尔

面积：5,148 平方米

设计：多米尼克·古龙设计事务所

摄影：欧金尼·庞斯，大卫·罗梅罗乌泽达

项目简介：

项目位于山谷中的小村庄入口处。一座 14 世纪的城堡从附近的山坡上俯瞰着整个场地，而这座日间托儿所与坚固的城堡遥相呼应。

在这个案例中，多米尼克·古龙设计事务所将一个完整的空间雕刻成一个空间交错的独特建筑。这使得幼儿园内外有了更多的活动空间，并借助自然光来加强室内、室外空间的联系，使得整体空间更加开放。更多活动空间能让幼儿更多地接触自然空间，提升幼儿的开放性思维，在发展个性和开发智力方面都有很大的好处。同时，错落的空间利用不同的空间高度和隔断，为空间提供了一定的安全保障。这是一个典型的兼顾幼儿园安全与开放性的优秀项目。

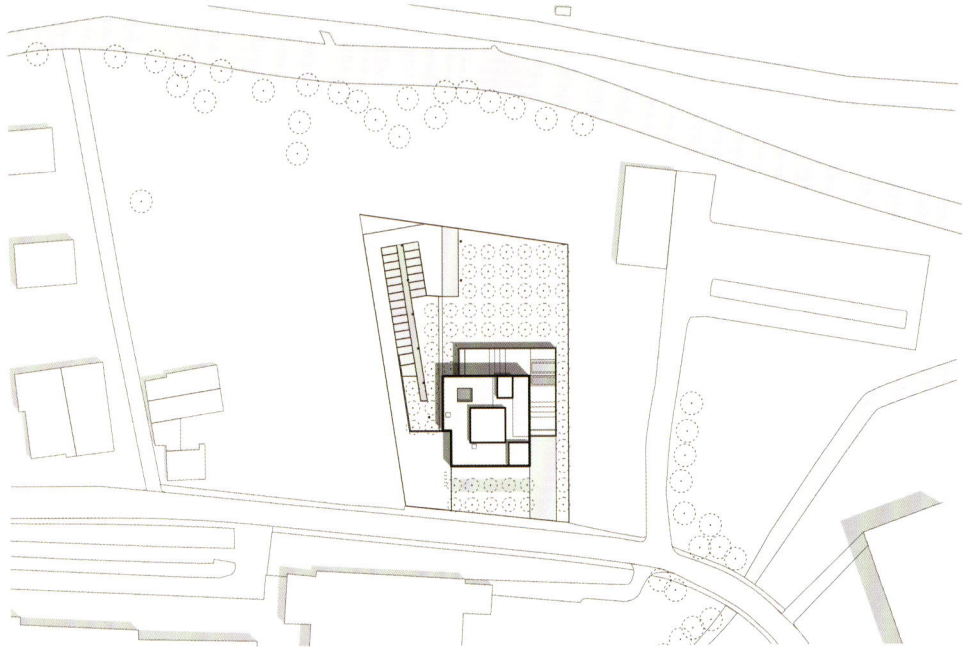

场地平面图

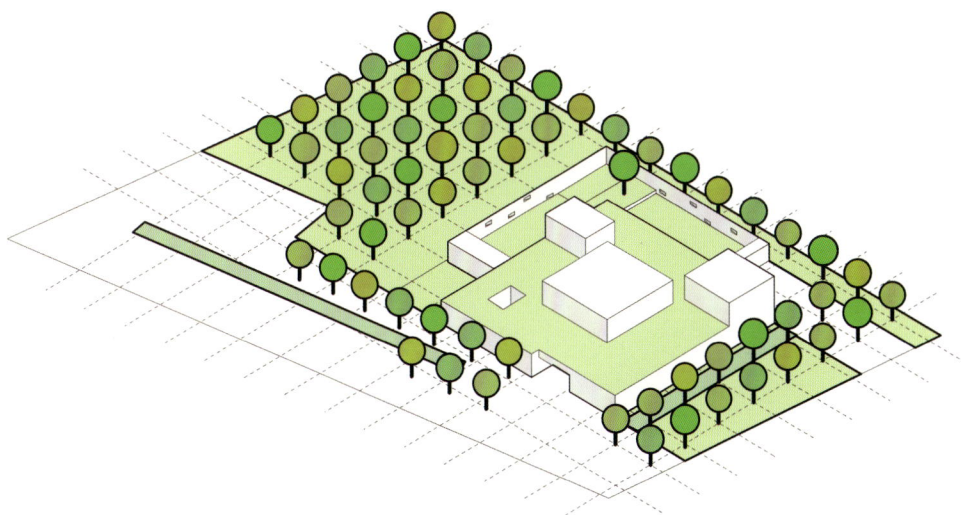

屋顶布置图

设置的围墙高度应能兼顾保护儿童在室外活动区内玩耍的
安全性和视野的开放性。

这座建筑就像一块碎裂的巨石,虚实结合的样子让人联想起乐高搭建的城堡模型。有窗口的围墙像城堡一样,保护着孩子们的游戏场地。这种空间布局方便人们观赏到孚日山脉的圆润轮廓。建筑周围有 68 棵苹果树,代表当地的农业景观。

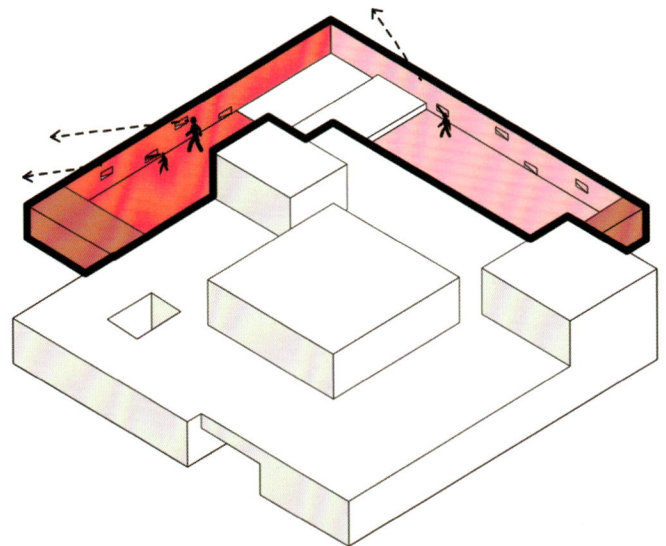

室外受保护活动区示意图

A 增加空间的层次性，利用不同的空间高度和统一的色彩强调空间的连续性。错落交叉的空间可以让空间兼具封闭性与开放性。

在这处标准的矩形空间中，连续的高点将项目要素包含在内。这些层次使得整个项目更有深度。这个接近立方体的空间集结了从粉红色到红色的许多面孔。亚光和闪亮的色彩共鸣，塑造了空间，使它更丰富，更微妙。

一层平面图

1. 接待处
2. 辅助接待处
3. 午睡区
4. 小班区
5. 中班区
6. 大班区
7. 活动大厅
8. 表现空间
9. 会议室
10. 活动室
11. 餐厅
12. 厨房
13. 洗衣房
14. 会议室
15. 小班操场
16. 中班及大班操场
17. 菜园
18. 天井

A 空间隔断多样性，多利用自然光，加强室内外空间的联系。

建筑中心是双层挑高的中央空间，对自然光的巧妙利用使其像万花筒一样有趣。不同楼层之间安装的多扇透明窗口彰显了建筑的深度。从体量突出的天窗引入了充足的自然光，使室内温暖明亮。

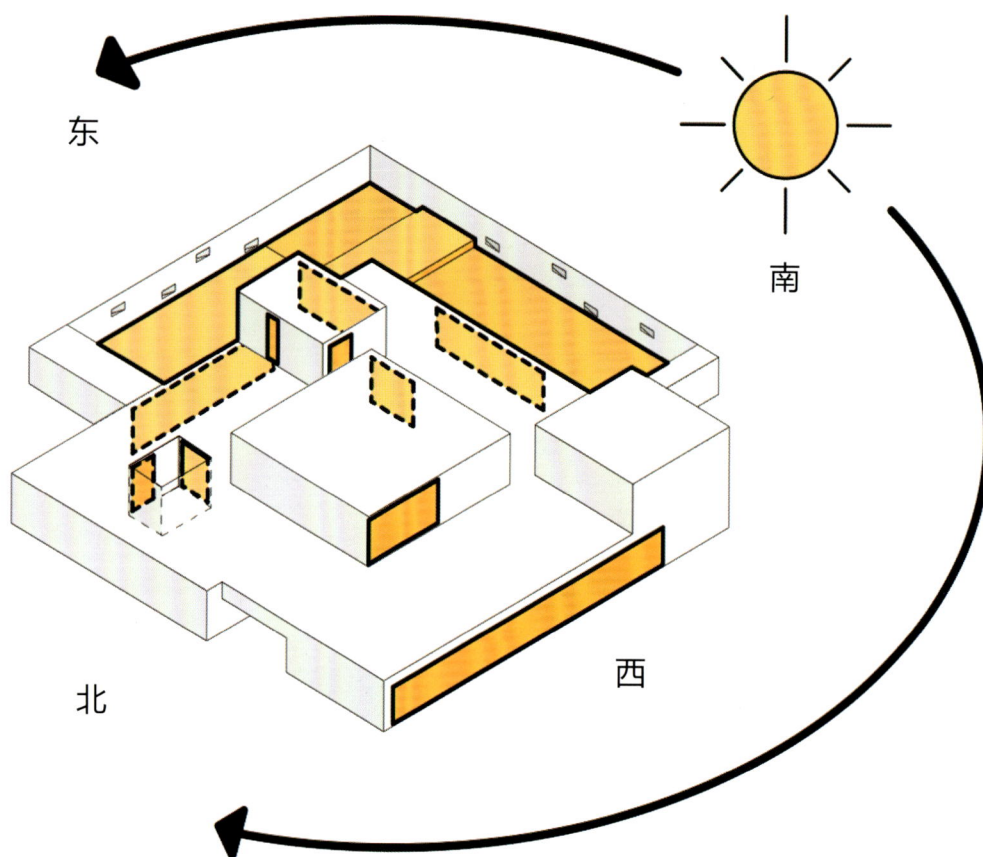

日照示意图

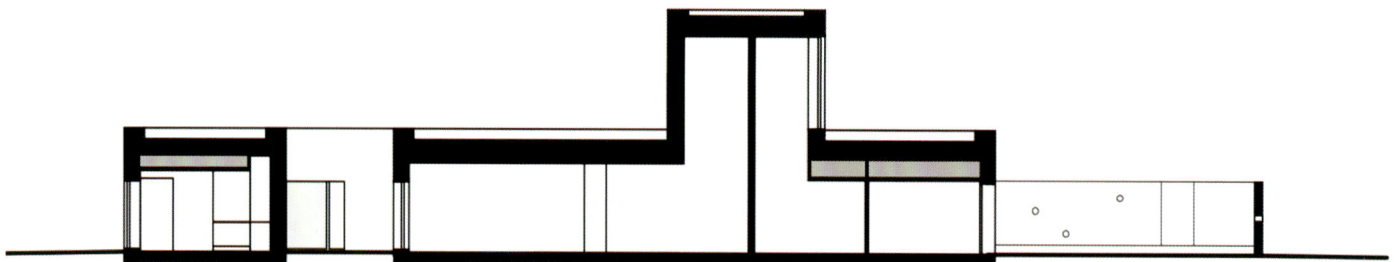

剖面图

罗丝玛丽幼儿园

地点：英国，伦敦
面积：420 平方米
设计：Aberrant Architecture 工作室
摄影：西蒙·肯尼迪

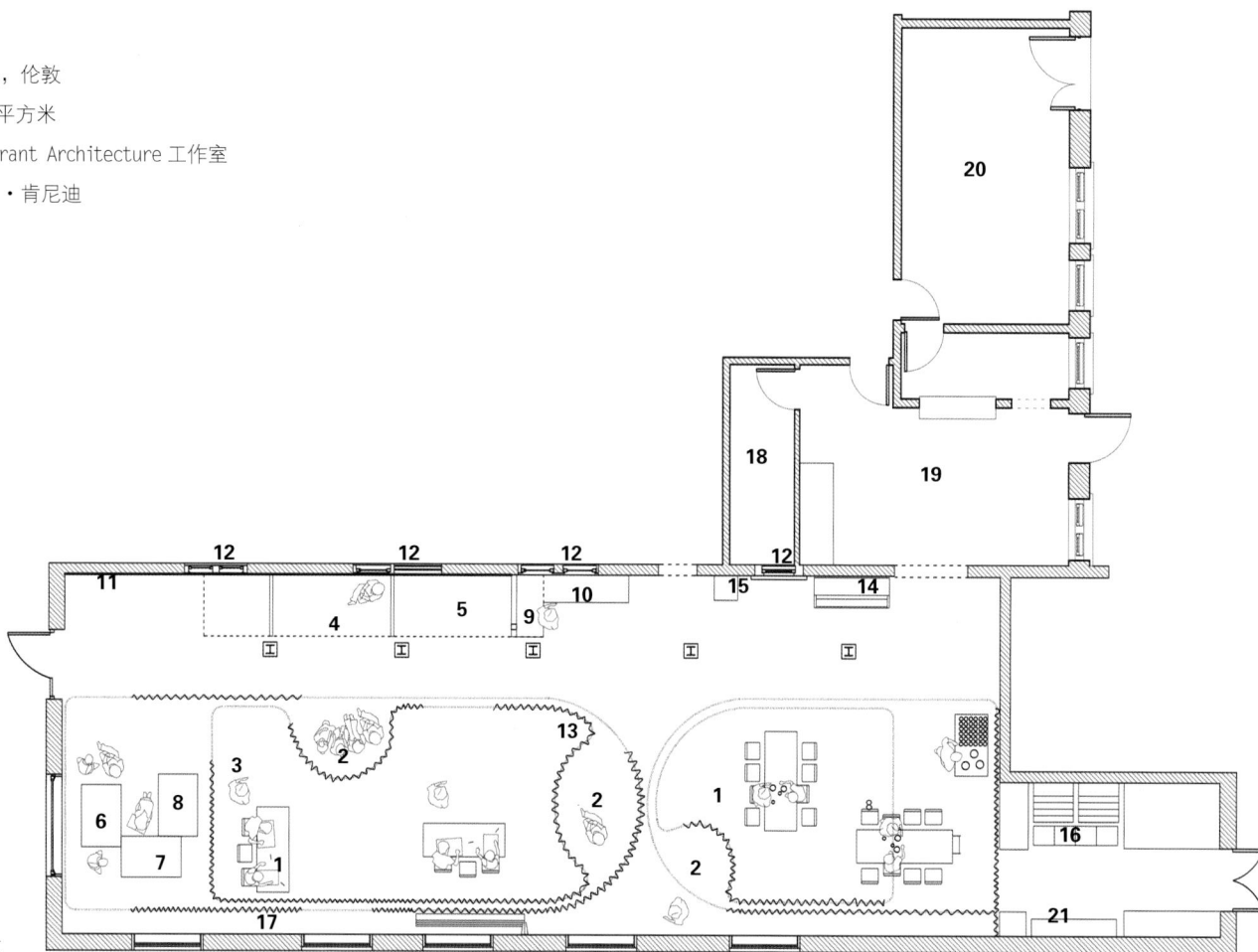

平面图

1. 小活动区

2. 角落

3. 主要活动区

4. 台阶下的小角落

5. 台阶下的大角落

6. 奖品及图书储藏处

7. 奖励胸章及图书储藏处

8. 道具及图书储藏处

9. 课后活动室

10. 早餐室

11. 展示墙

12. 软木展示板

13. 可移动食品车

14. 钢琴

15. 广播系统

16. 储藏室

17. 攀爬架

18. 风干食品储藏室

19. 前备餐间

20. 后备餐间

21. 厨房

项目简介：

罗丝玛丽幼儿园委托 Aberrant Architecture 工作室重新设计打造他们的学校。这是对未来基础设施进行大力投资的部分工程。项目与学校主管、教师、家长和学生共同合作，以培养学生的开阔视野为目标，为建筑一楼和二楼注入新的生命力。

项目被当作一个开发创新理念的机会，以符合学校的独特诉求、需要和资源。随后，在彻底了解使用者当下的要求以及重新解读建筑及其周围环境承载底蕴的基础上，设计团队打造出了一个连贯和具有原创精神的空间。

A 了解老建筑的原始设计法则和特点，之后融入新的附加物和规划，而不是拼贴组合。

Aberrant Architecture 工作室的联合创始人大卫·钱伯斯说："我们奉行的是一种连续性的设计理念，从建筑的过往中借鉴一些适合学校目前需求的特征。因此，设计团队的第一个任务是将建筑的历史拆解开来，理解它原本的爱德华时期式的设计原则和特点，以及室内随后添加的特别元素。"

随后的设计理念追求的是连续性和融合性，而不是仅仅选择适合学校当前需求的建筑原本特征进行排列组合。

学校的文化底蕴就这样被用作了设计的基础。为了适应传统的英式"战间期"墙的处理，室内空间的墙壁被分成不同的区域，它们能够以不同的形式服务多种活动。虽然较低的区域是专门为孩子们互动而设计的，但中间区域也考虑到了教师的需要。墙壁顶部有现代风格的带状装饰，使得墙壁像是房间里空白的画布，它所讲述的独特而极具个性的故事将随着时间流逝逐渐丰富起来。

Aberrant Architecture 工作室的联合创始人凯文·哈里补充道：我们也从学校在摄政运河上的独特地理位置中汲取了灵感。例如，一组移动的"运河驳船"在学校的多个空间出现。每一艘驳船都包含互动元素，能够服务各种不同的学习活动。

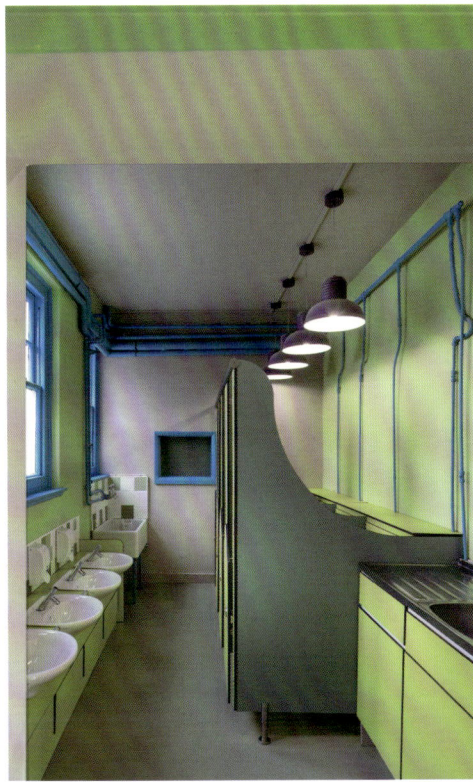

A 在规划空间和空间使用上采用更灵活的方式适应新的及未来的教学方案和管理模式。

学校里特定位置的角落安排了靠窗座椅之类的装置。除了作为中心装饰，这些角落将为更亲密的活动提供私密和半私密的环境，同时也提供展示和管理孩子们作品的空间。

翻修及再造工程的第二阶段以多功能大厅为中心；一系列邀请孩子们参与的活动催生了与空间使用相关的想法。一系列雕塑栏杆、定制照明装置和色彩鲜艳的窗帘以微妙但又引人注目的方式组合存在，使得空间具备可调控的隐私程度，同时又可以充当隔音屏障。

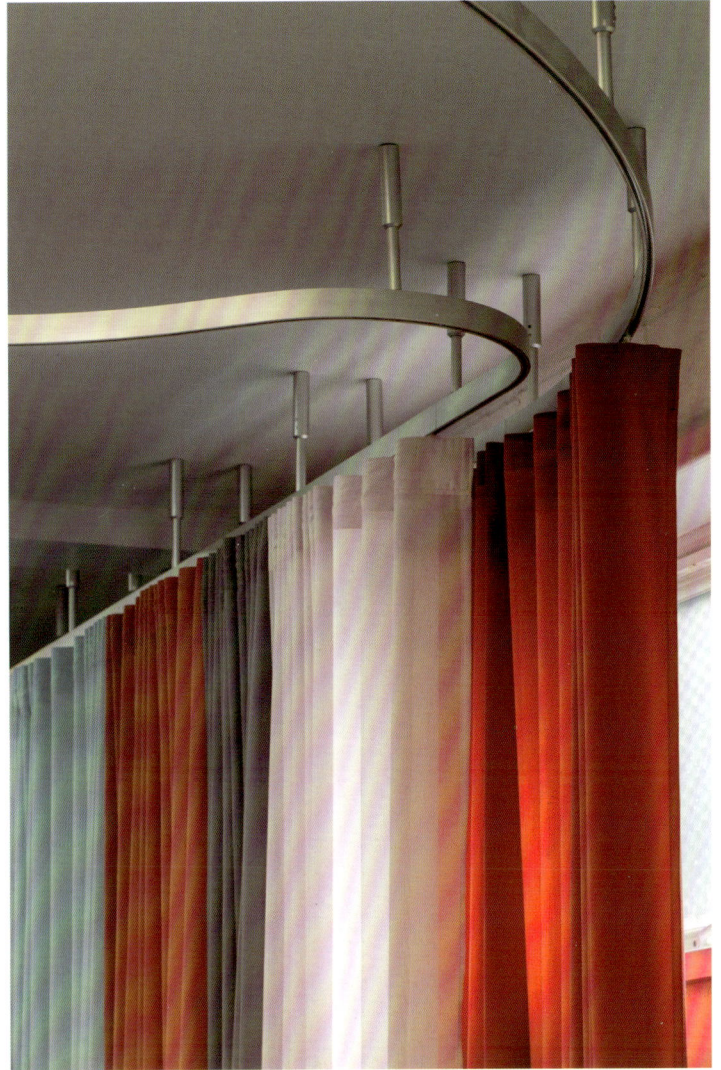

大卫·钱伯斯说："有两条平行的窗帘轨道，一个透明，另一个不透明；我们选择最新的编织技术制造出最耐用的、色彩明亮而现代的织物。这种透明和不透明的质感组合让老师和孩子们能够在他们创造的不同环境中获得千变万化的照明效果。"

如此灵活的条件使得空间得以彻底改变，服务不同类型的活动：无论是作为开放的公共空间，还是分成更私密的小空间；无论是作为午餐大食堂、集会、活动空间，还是用作课外俱乐部、阅读小组和特殊课程的舒适室内空间。

灵活的空间应搭配可以移动式的多功能家具，以配合多变的灵活空间。

此外，项目还引入了创新、可移动和多功能的家具元素，让孩子们可以自行对空间搭配——这为教育活动创造出一个引人入胜的互动氛围。家具元素还提供多种储物选项，可根据学校的学生或其他社区需求的变化进行调整。

这些元素组成了一个"部件包"，可以分隔空间或在一个房间内同时容纳多个活动；整个系列的物品都是定制的，收纳在原有楼梯下方，整洁又方便。

四叶草之家

地点：日本，冈崎市

面积：299.63 平方米

主持建筑师：马岩松，早野洋介，党群

设计团队：米津孝祐，李悠焕，藤野大树，朱利安·沙特勒

摄影师：富士麴，本田丹

项目简介：

四叶草之家位于日本爱知县冈崎市，是一所由家族经营的儿童教育机构。为了向社区更多少儿提供教育服务，幼儿园的经营者当初决心将全家居住多年的家拆了，在原有的地块儿上建起新的幼儿园。对于这个诉求，MAD 创始合伙人马岩松说："我觉得为这座幼儿园创造家庭的氛围很重要，所以我们决定不直接建造全新的建筑，而是保留原有建筑的木结构，让它成为新空间记忆和灵魂的一部分。" MAD 的设计保留了原房屋的主体木结构，并在外部加建白色的"帐篷外壳"，形成了充满未来感的内外开阔、整体围合的家庭尺度空间，使孩子们可以在这座同时拥有过去、现在、未来的场所中学习、成长。

这座新旧交替的建筑，时刻告诉着经营者、孩子们，甚至邻居、整个社区，关于四叶草之家的初心：一直以来犹如家庭般亲切真诚的情感氛围，以及孩子们未来成长的自由畅想和发展。而空间的鲜明反差和各种不确定性，并不急于为孩子们做出任何前提和假设，只尽力为他们提供可以舒展想象力的自由空间，或许在这样的碰撞启发中，孩子们会开始寻找他们成长过程中属于自我的定位。

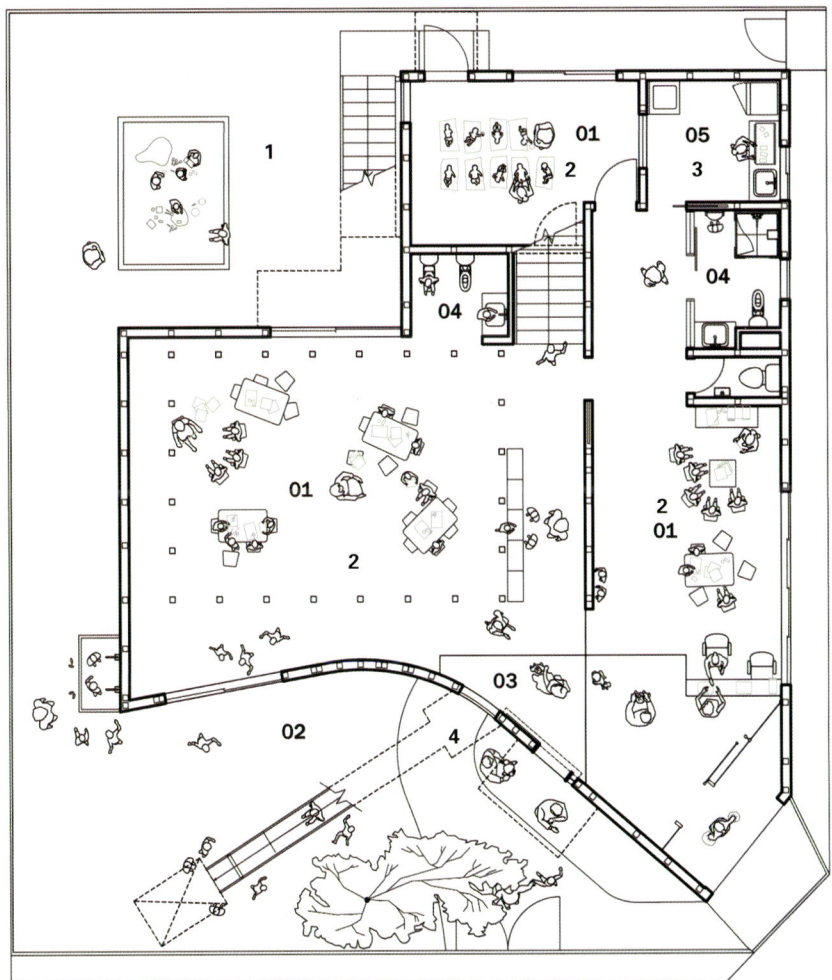

一层平面图

1. 操场
2. 教室
3. 卫生间
4. 滑梯

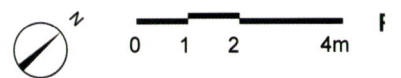

0 1 2 4m

A 在外部给旧建筑一个充满想象力，能够吸引孩子的外壳。

在主体木结构的外部，MAD 设计了一项全新的白色沥青"帐篷外壳"，犹如一块布一样包裹着里面老的木结构，就像是一座充满了抽象未来感的"白色城堡"。"城堡"整体纯洁但不失天真活泼的外表，与周围传统房屋产生鲜明的对比，又与乡间稻田、来往人们相映成趣，轻快明朗但毫不突兀。处于街道转角的入口，就像是山洞的入口，通往神奇的未知空间，等待充满好奇心的孩子们入内探寻究竟。从室内二层，孩子们可以通过滑梯回到首层小庭院，犹如奇幻探险旅程完结后重回现实，这都将会是孩子们最珍贵的童年回忆片段。

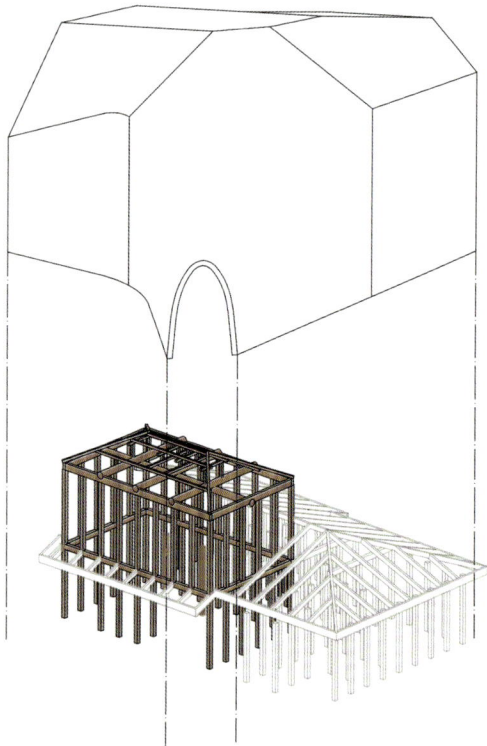

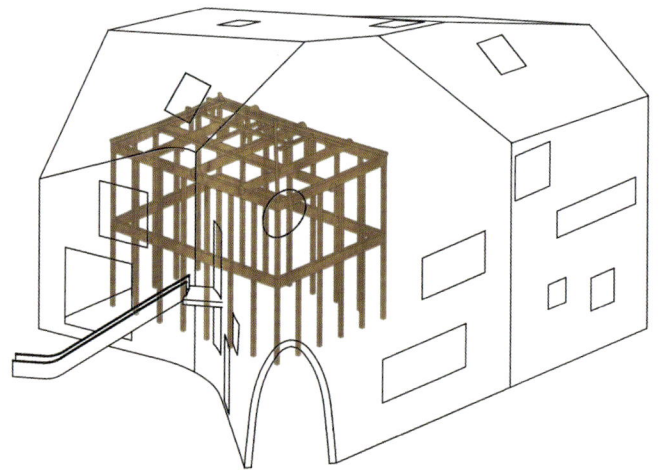

示意图

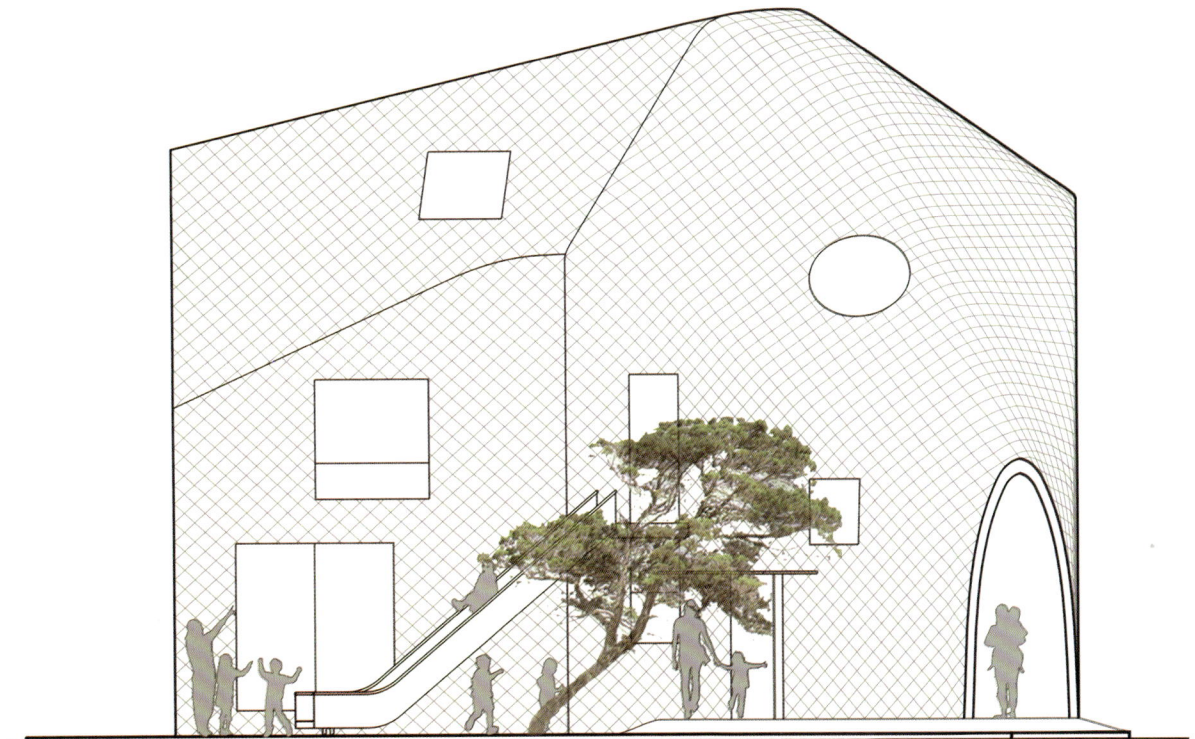

立面图

A 保留并加固建筑结构中能表达对原住宅家庭尊重的框架部分，将新扩建的空间与原有框架相连接。

建筑前身与其周围住宅一样，是传统的日式双层全木结构的装配式成品房屋。MAD的设计保留并加固更新了原房屋的木柱和坡屋顶木框架，使其成为新建筑的一部分。这样的设计充分诠释了空间使用者的情感诉求：一方面既表达了主人对房屋过往带来的家庭式的情感的尊重，另一方面也可让孩子们有机会触碰这承载着社区记忆的印记。新建筑的另一侧，是新建的与旧有木结构相连的三层空间，设有起居室、厨房、卫生间、工作室等，供幼儿园日间运营工作、幼儿园运营者及家人居住所用。

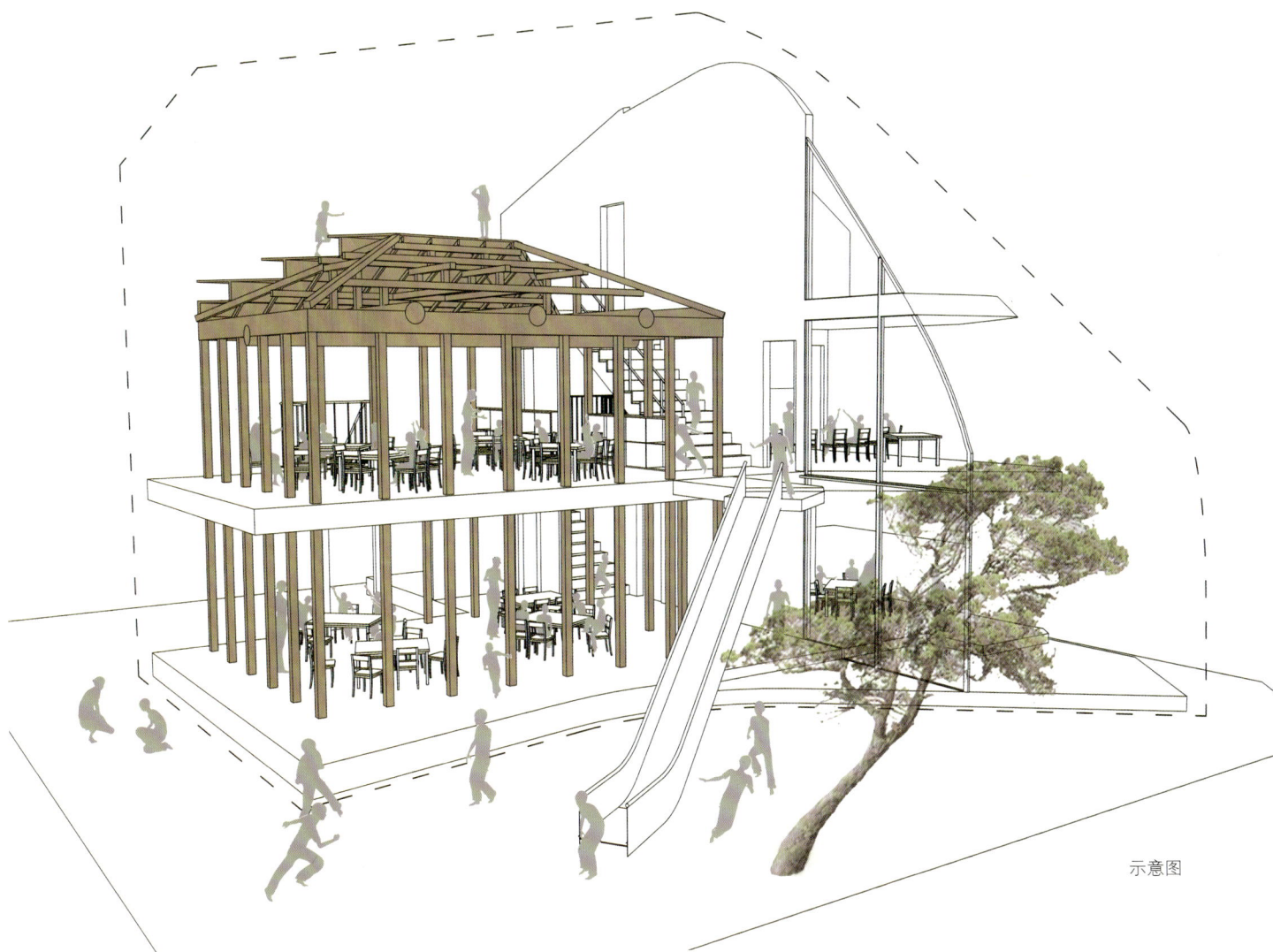

示意图

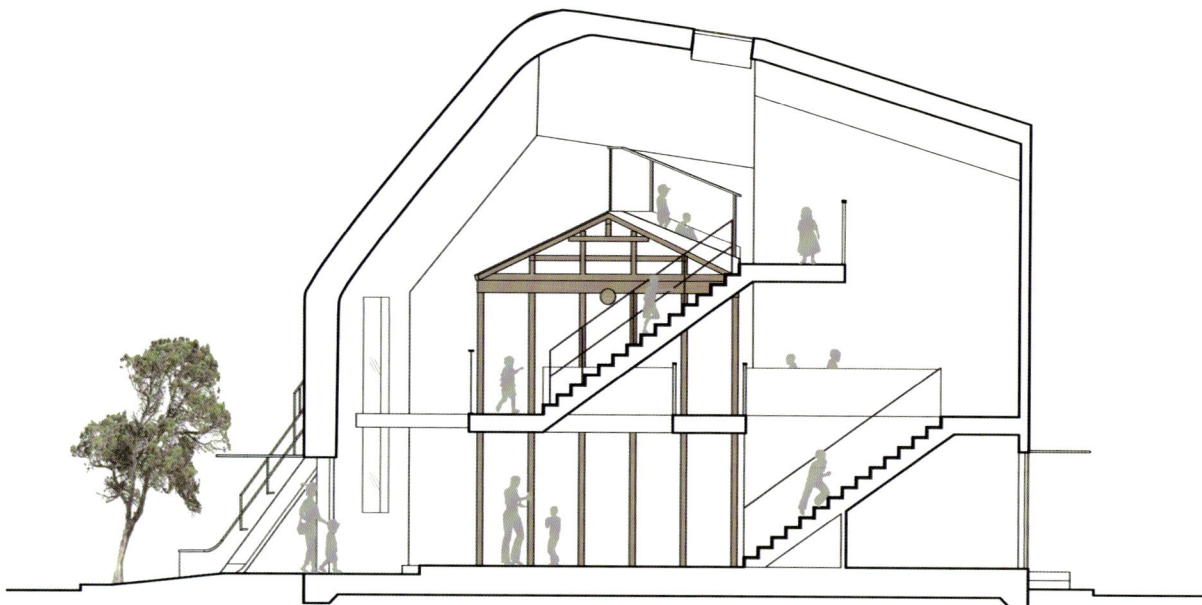

剖面图

0 1 2 4m

A 借助由新外壳和新旧结构交接的特有条件，为孩子们规划更有意思的"小角落"和
与众不同的天窗，为空间增添温暖和趣味。

新的"帐篷外壳"和旧有的木结构造就了有趣的室内空间。建筑一、二层为小朋友们日常学习、
活动的场所，加上自然光通过屋顶天窗和四周窗户洒入室内，整个空间明亮通透，为孩子们的日
常互动增添几分亲切和温暖。外壳的曲面与内部结构间的"空隙"也形成了有意思的"角落"：
最顶部的"角落"成了小型图书馆，长排木凳下是藏书空间。而只有孩子们才可以攀爬到达的一
些"角落"，则成了他们的秘密乐园，也可以通过天窗观察外面的世界，在广阔的想象天地中来往。

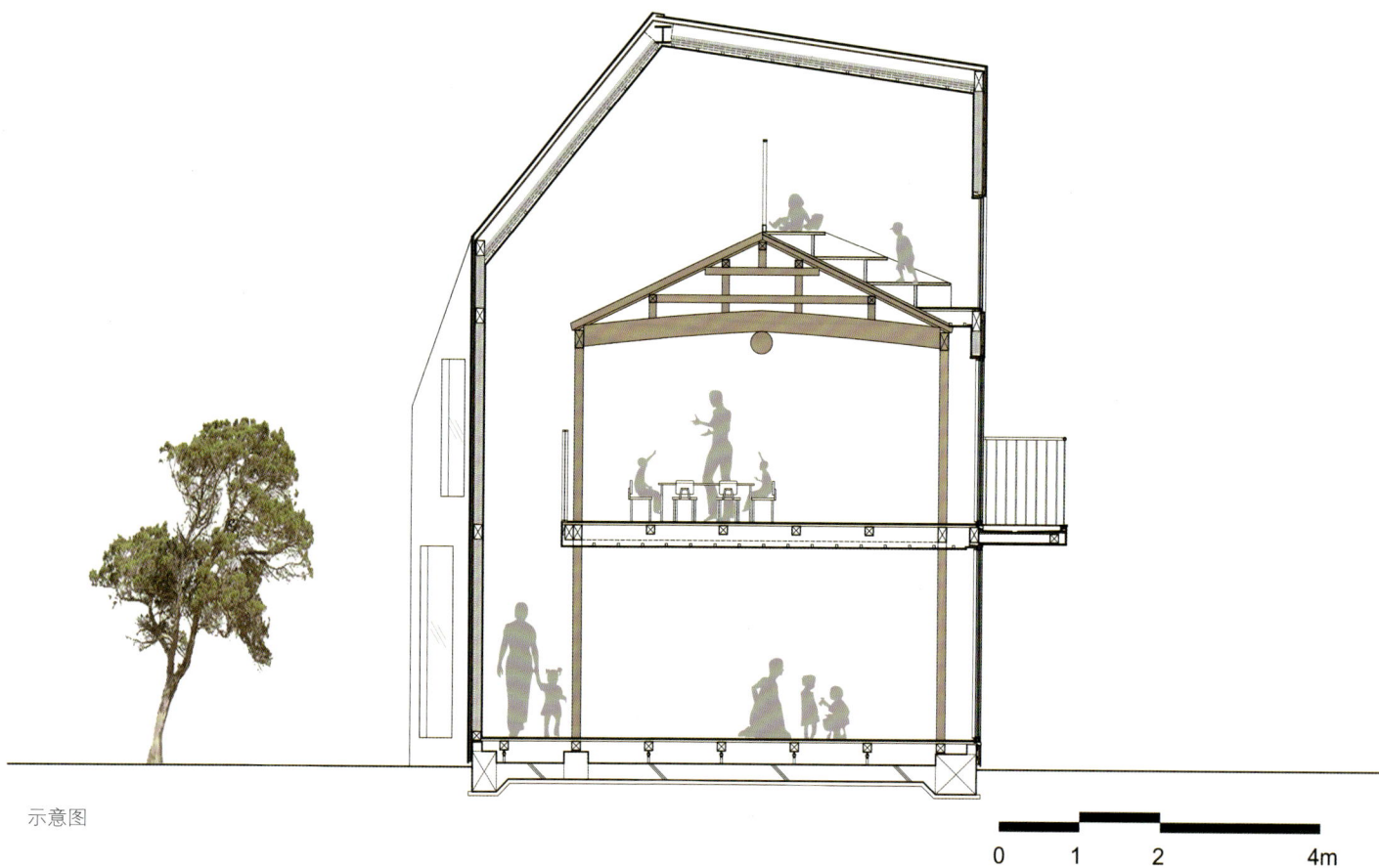

示意图

0　　1　　2　　　　4m

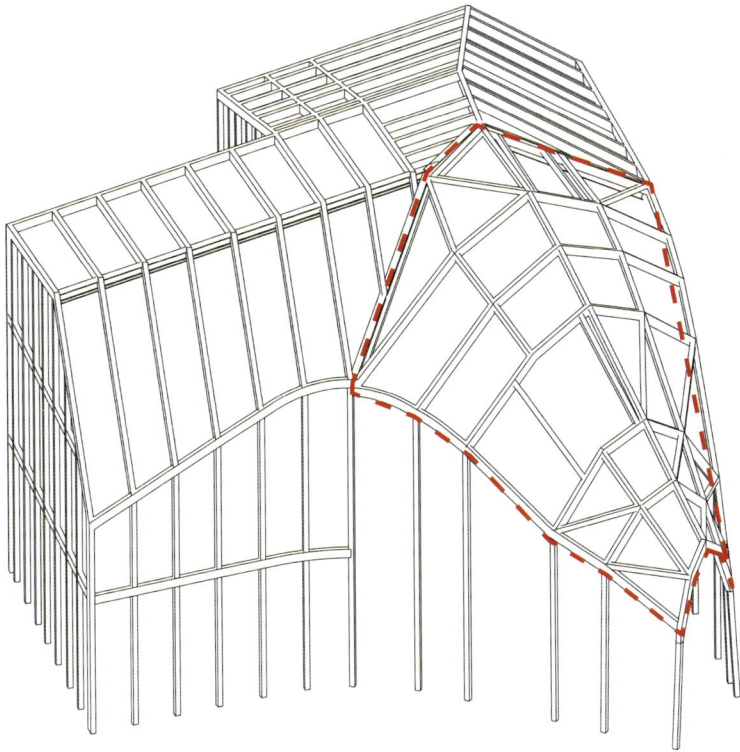

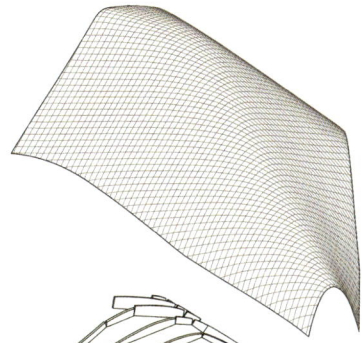
沥青瓦

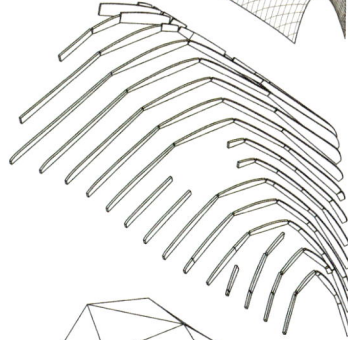
弯曲的木片

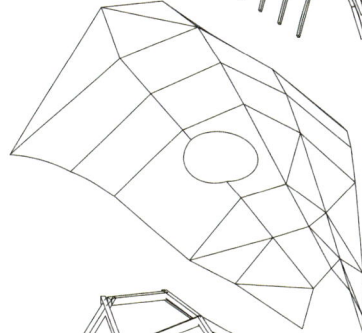
木板

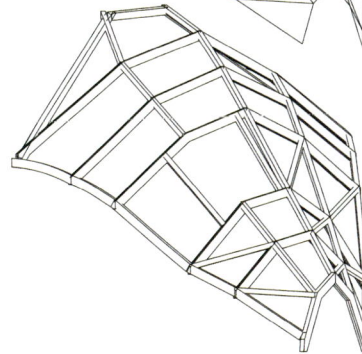
主结构

屋顶细部

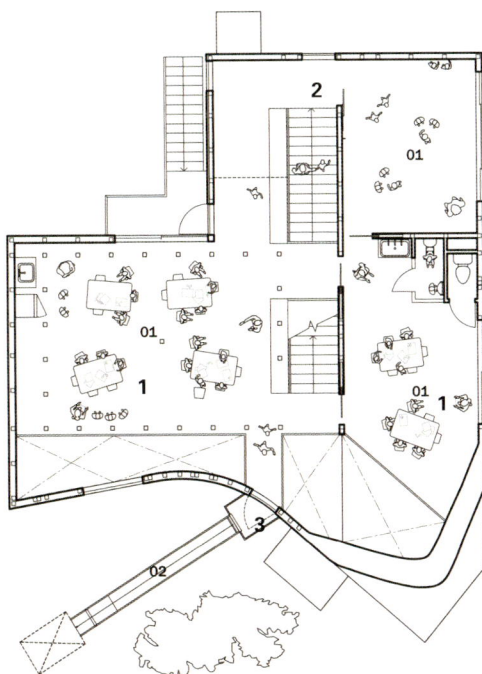

二层平面图

1. 教室

2. 楼梯

3. 滑梯

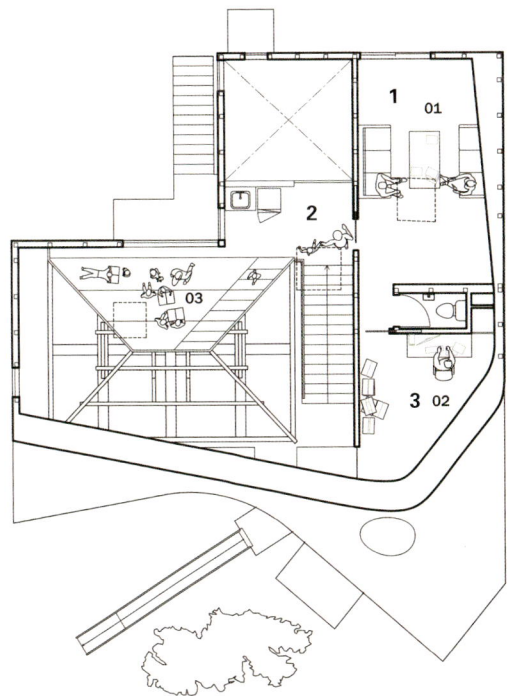

三层平面图

1. 教室

2. 卫生间

3. 办公室

斯马特努分时共享幼儿园

地点：以色列，海法
面积：1,037 平方米
设计：朱·科特尼克建筑事务所
摄影：亚内兹·马罗尔特摄影

操场平面图
1. 管道
2. 平底雪橇
3. 攀爬绳
4. 花园
5. 水上游戏区
6. 玩具车区
7. 综合活动区
8. 足球场
9. 攀爬墙
10. 自行车区
11. 黑板
12. 储藏室
13. 1 号沙箱
14. 木与石区
15. 绘画门
16. 平衡游戏区
17. 水果园
18. 2 号沙箱
19. 游戏露台
20. 球类游戏区
21. 敏捷性游戏区

项目简介：

斯马特努分时共享幼儿园鼓励师生互动、相互学习和自主学习。

这里的儿童每天会与自主选择的同伴，平均至少花两到三个小时从事自由选择的活动。这使他们能够与其他组别的同龄人一起玩耍，结识与自己不同年龄的孩子，以及其他组的老师。

幼儿园的整体理念似乎运行得很好：孩子们非常喜欢这里，以至于很多人都不愿意在下午回家。

Playroom 1 · Andy
Playroom 2 · Mikey
Playroom 3 · Alice

Andy · Mikey · Alice

10:35 reads a a book
10:55 goes with Ian to visit brother Mikey
10:56 meets his brother
11:25 plays with puppets
11:45 makes a paper airoplane

Playroom 1
Playroom 2
Playroom 3

Playroom 1
Playroom 2
Playroom 3

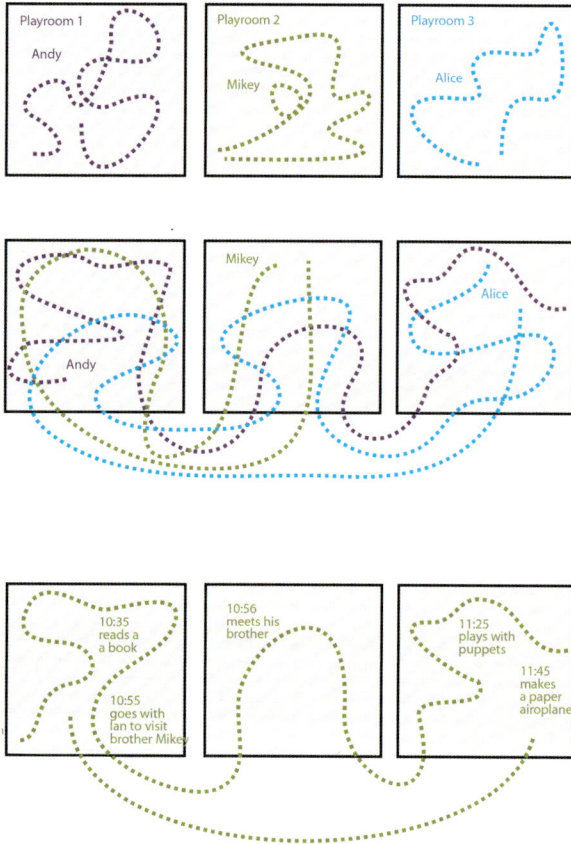

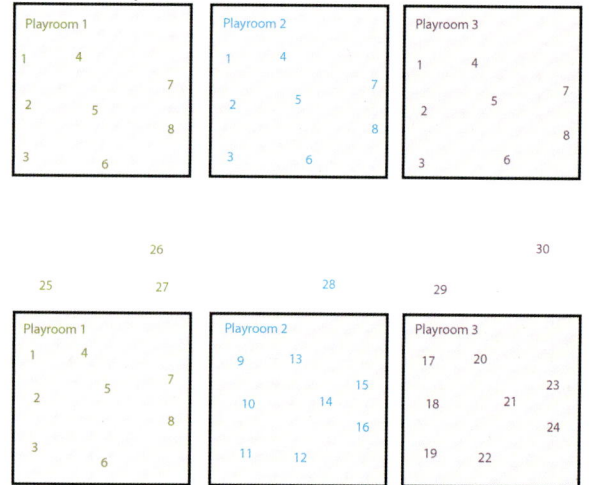

幼儿园内幼儿交际活动示意图

A 规划开放式的空间，让各个活动室以有趣的方式相通，使幼儿园成为由各个活动室组成的学习整体。

开放的空间规划将原本使用率很低的空间作为衣橱、走廊和楼梯使用，与游戏室一同组成学习空间；在游戏室设置全景玻璃墙，打造出 700 平方米的不受限玩耍区域。滑动门将游戏室连接在一起，这样就可以将空间、儿童和活动轻松地结合在一起，而这也是幼儿园设计和教学议程的部分内容。

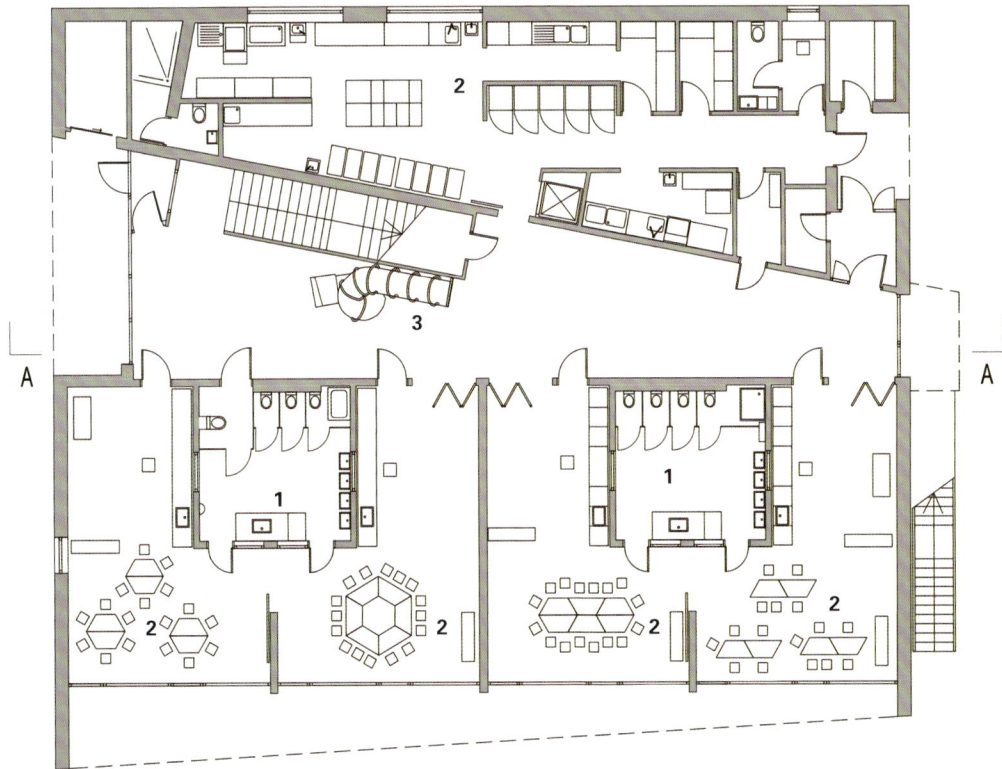

一层平面图

1. 卫生间

2. 活动教室

3. 滑梯

A 规划空间功能时，确保各空间功能的多样性和差异性，让孩子了解更多的课程并能明确自己的兴趣。

室内设计方案遵循了打造适合每个人的多场景空间理念：八个游戏室都设置了不同的游戏设备和学习环境。有些游戏室更关注科学学习，有些房间的装置则更适合音乐和艺术，或者运动，或者只是游戏。孩子们可以在至少 65 个活动角落中进行自由选择。共享形式让孩子们有机会根据自己的兴趣爱好调整活动安排，与传统的幼儿园相比，也可以提供更多玩耍和学习活动。更多的社交活动有利于儿童的社会技能、情商和智商的发展。工作人员都接受了培训，以充分利用幼儿园的独特设计，他们对项目的结果和新的工作条件也都感到很兴奋。

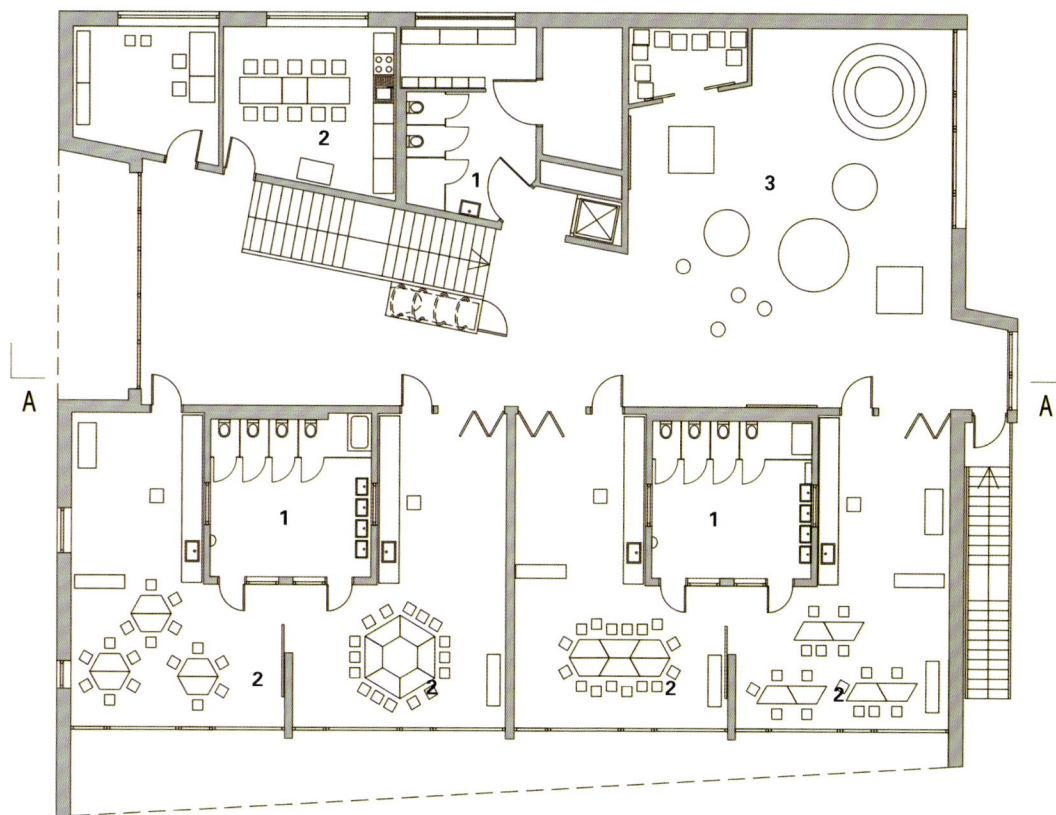

二层平面图
1.卫生间
2.教室
3.综合活动区

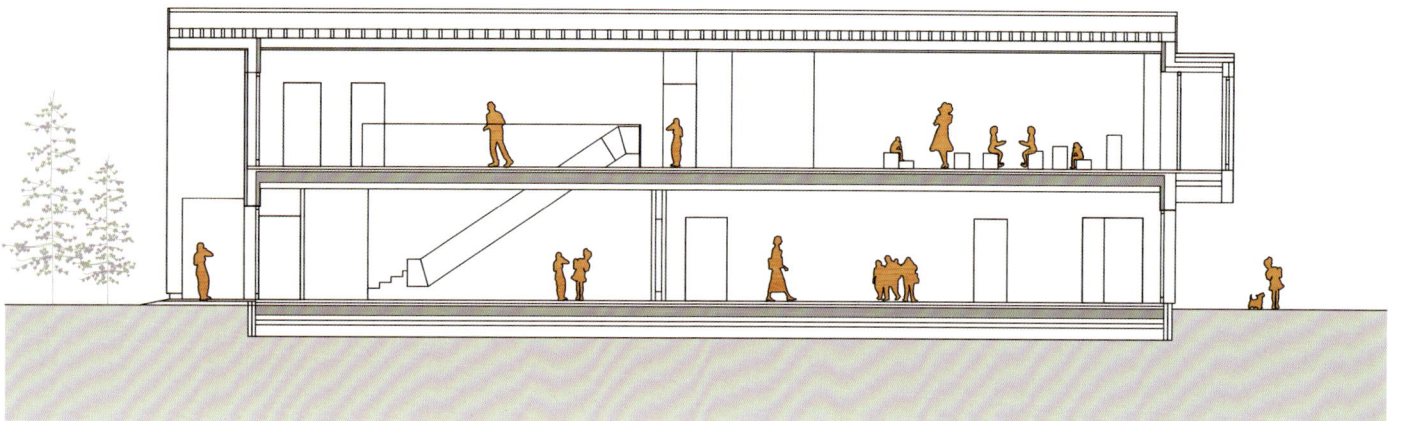

剖面图

A 规划设计一个多功能的核心区域，这个区域要足够的有趣和有特色，吸引孩子经常来这里。

建筑的核心是多用途的中央区域，这里有多功能的彩虹楼梯。彩虹楼梯能够帮助孩子们学习颜色和数字，而墙壁上的黑板是孩子们展现艺术天赋的大画布。楼梯下方是存储空间和一个特别的"洞穴"，里面有枕头，而孩子们可以在周围更活跃的区域里觅得一方宁静。最精彩的是具备无穷吸引力的红色滑梯，供儿童玩耍，进行体育运动。孩子们喜欢从上面滑下来，而不走楼梯，但他们却会在不知不觉中登上 22 级楼梯。滑梯是一个主要的被动锻炼元素：孩子们平均每天要滑 10 ~ 20 次。他们或者一个人玩耍，或两人甚至三人一组。

67 个不同的活动区域

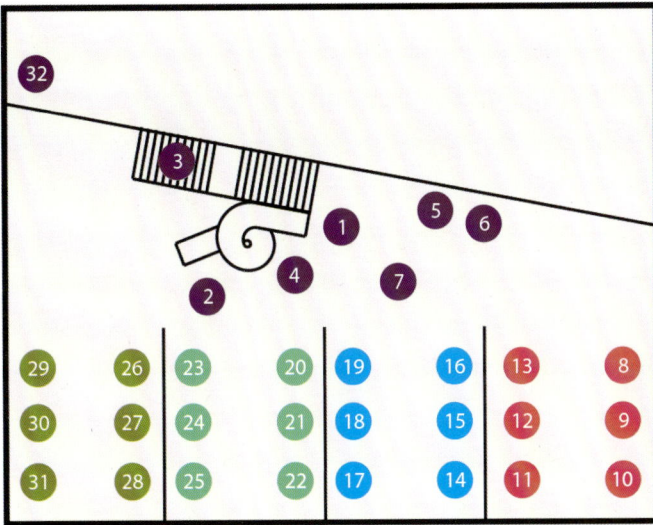

1 绘画区 1	**8** 镜子	**20** 图书区 2
2 獾的角落	**9** 玩具区 1	**21** 黑板
3 色彩与数字	**10** 绘画区 2	**22** 音乐区
4 移动图书馆	**11** 黑板	**23** 休息室
5 积木区角	**12** 农场区	**24** 模拟水果市场区
6 墙绘区	**13** 移动玩具区	**25** 玩具区 2
7 平衡游戏	**14** 乐高区 1	**26** 磁铁
32 教室	**15** 动物区	**27** 玩具区 3
	16 消防游戏区	**28** 绘画区 3
	17 超市区	**29** 模拟厨房区
	18 图书区 1	**30** 图书区 3
	19 休息区	**31** 过家家区

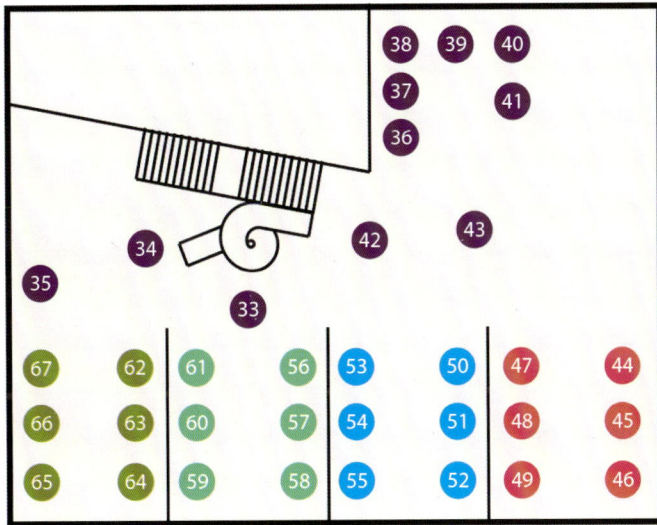

一层

33 滑梯	**44** 玩偶区	**56** 图书区 6
34 涂鸦墙	**45** 绘画区 4	**57** 镜子区
35 玩具车	**46** 乐高区 2	**58** 绘画区 5
36 长椅	**47** 音乐区	**59** 人体知识展示区
37 攀爬墙	**48** 图书区 4	**60** 玩具区 4
38 坐垫	**49** 植物区	**61** 轨道玩具区
39 多边形玩具	**50** 过家家区	**62** 艺术品展示
40 数字黑板	**51** 积木区	**63** 模拟超市区
41 投影	**52** 坐垫区	**64** 恐龙玩具区
42 篮球区	**53** 艺术品展示	**65** 绘画区 6
43 小剧场	**54** 图书区 5	**66** 玩具区 5
	55 卡通屋	**67** 模拟救护车区

二层

活动区角布置图

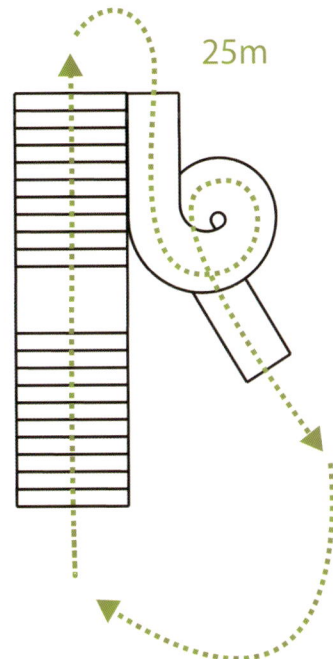

楼梯示意图

25m

A 室外活动区域通过不同的自然材料来规划区域，易于孩子们熟悉自然环境。

操场的设计使用了尽可能多的天然材料，而景观则意欲覆盖所有的体育活动和玩耍区域。橡胶地面、草皮地面、一系列游戏区，包括沙盒、水上游戏区、攀岩区、绘画区等。沙盒旁边有一个多功能的小山丘，综合了隧道、滑梯和攀岩绳。它的背面可以在冬天做雪橇使用，并可以在其他时间里充当足球场。除了保留传统，幼儿园还有一个小小的香草和浆果园，孩子们可以在园里帮忙种植食物，然后收获果实。

"新馨乐园"日托中心

完成时间：2015 年

地点：比利时，布鲁塞尔

面积：1,407 平方米

设计：BUROBILL & ZAmpone 建筑事务所

摄影：菲利普·杜雅丁，安雅·海勒鲍特

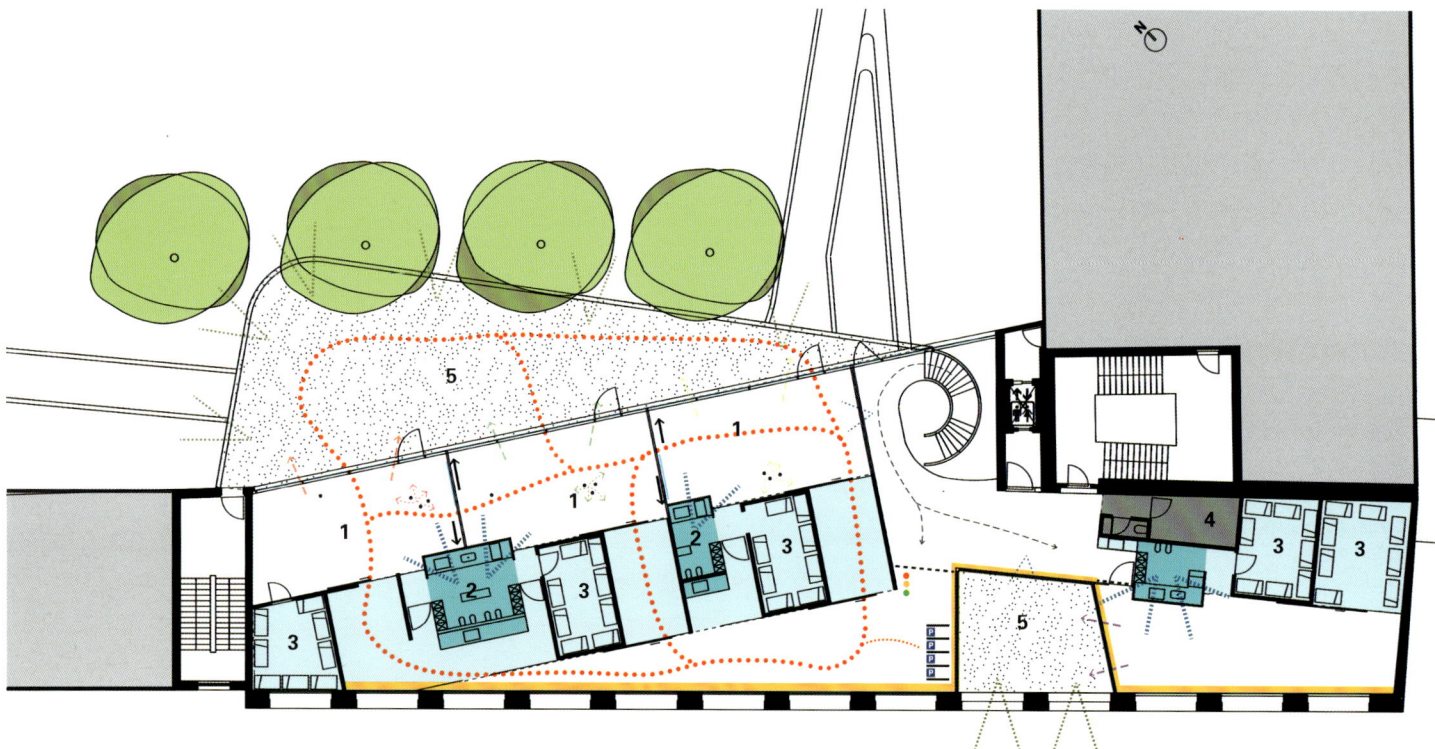

二层平面图

1. 幼儿活动湾
2. 换尿布设施
3. 卧室
4. 储藏室
5. 户外游戏区

项目简介：

这间儿童日托中心位于布鲁塞尔市中心，可以服务 68 名儿童。由于建筑内还有三所学校，一所音乐学院，课后托管班以及其他更多从孩子们入园起直到 18 岁离开学校止为他们提供服务的机构，所剩的可用空间十分有限。本项目位于这栋已有建筑的一楼。

这间托儿所的设计基本原则是：以室内及室外的玩耍为中心（走廊不仅是通道，也是玩的地方和集会的空间）。

Q 如何规划幼儿园的空间才能让孩子们有尽可能多的娱乐空间？

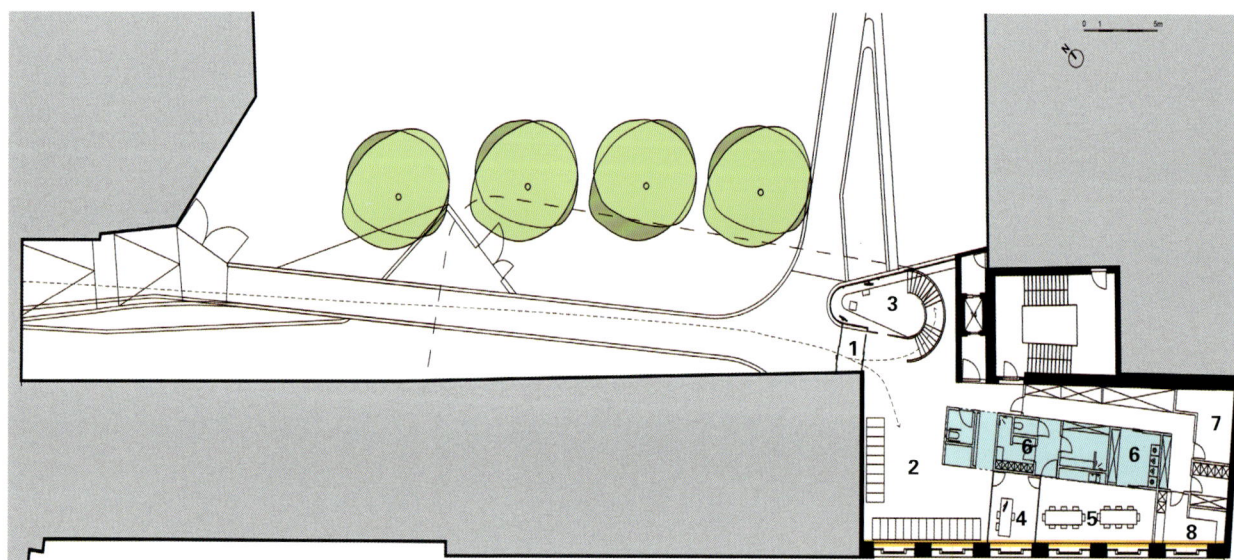

一层平面图
1. 入口
2. 车房
3. 接待处
4. 会议室
5. 员工室
6. 更衣室
7. 储藏室
8. 厨房

Ⓐ **利用坡路为孩子创造室内外相连接的娱乐场地，但要在设计方面注重安全性。**

孩子和父母可以沿着一条混凝土路进入这个楼层。二楼的露台重复使用了同样的混凝土弧线造型，是日托中心 68 个孩子的户外活动场所。

坡道的栏杆和室外的玩耍区域都被故意设计得很大（全混凝土），以便给孩子们安全的感觉。然而当成年人站立的时候，视线可以越过栏杆，看到外面的世界。

+20.34

+16.26

+13.92

+13.92

+12.49

+10.35

+6.70

+6.70

+6.70

+4.55

+3.15

+2.02

+0.00

-0.87

🅐 规划上，集中午睡区域；注重其他每个空间的娱乐性，空间内利用吸引孩子注意力的材料营造空间的趣味性。

儿童日托中心采用开放的空间规划，其中有一个集中的儿童睡眠室。这些房间与滑动门相连，这样就可以按照孩子们的需要进行整合或分组。

南侧外墙外有一条小木凳，孩子们可以坐下休息或玩耍。如果他们玩累了，或者需要等待就可以选择坐下来。

为了在现有的外墙上做出大窗户，为孩子们的游戏室腾出空间，游戏室里需要增加一组柱子。设计师为柱子选择了镜面，这样便可以融入孩子们的游戏活动：他们可以在镜面里看到自己，在柱子之间做藏猫猫之类的游戏。

A 利用楼梯和户外或者与户外连接空间，尽可能为孩子多创造娱乐的天地。

大楼的南面有一条走廊，配有大窗。这是一个可以获得热量的缓冲区，既可以用来在游戏室之间穿行，也可以是玩小车的完美区域。项目中它被称为"游戏街"。

无论哪个季节，"游戏街"的大窗口都可以带来充分的光照和热量，可以充当一个完整的游戏区域。

年纪最小的孩子（婴儿）的活动区域旁边是一个有篷户外活动区，婴儿们可以睡在这里，充分享受在户外睡觉的各种好处。

幼儿室外活动区示意图

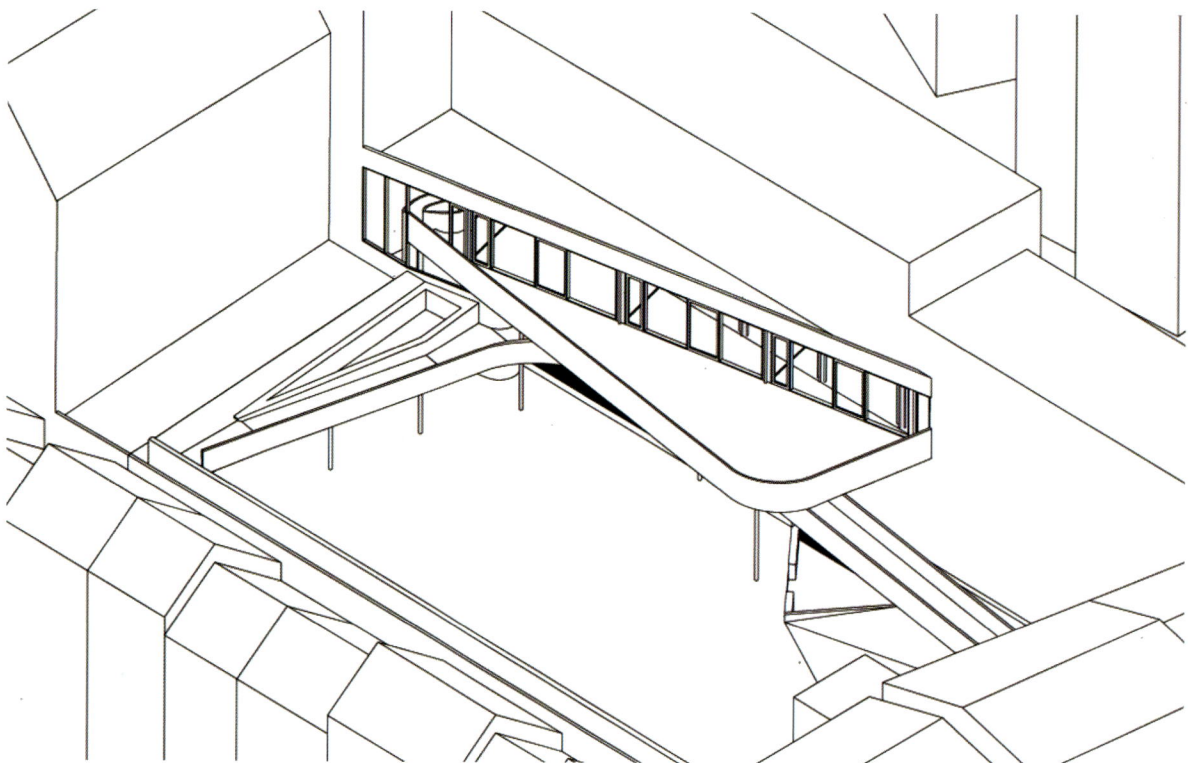

第二章
幼儿园中的活动
空间设计

什么样的幼儿园是孩子所喜爱的？什么样的环境才会吸引他们？这是所有幼儿园设计师所需要思考的问题，因为任何事情都是不可能单独存在，必然有种种与之相互关联，并且相互作用的因素。设计也是如此，特别是服务于幼儿的特殊空间设计，这不只是单单进行简单的室内装饰，还应思考影响设计的种种因素，并且如何利用这些因素来进行设计，最终引导幼儿的个性发展，激发他们的创造力，健康成长。

幼儿园的活动空间是幼儿在幼儿园接触最频繁的空间，因此这类空间的设计直接关系着幼儿园的身心发展。本章将重点放在幼儿园活动空间的设计上，探讨怎样的活动空间设计会更利于幼儿身心发展。本章从最基础的设计注意事项出发，你会发现在设计之初建筑师和室内设计师就是基于以幼儿为中心的原则为出发点。接下来同样是设计师在设计实现的过程中通常会遇到的一些疑问解答并搭配精彩的案例讲解。

本章所指的活动空间主要包括室内活动空间和室外活动空间两大部分。室外活动空间通常指室外的操场等，而室内活动空间主要指幼儿园内的教室和供幼儿玩耍的公共活动空间。

设计要点

● 设计室外活动区域的主要原则是让区域与设计背景相融合，与幼儿园的其他区域的设计原则相融合

● 室外活动区域如果使用土壤，应确保土壤的安全性和无污染性

● 室外活动区域可以依据室外的景观设计，各处活动区域包括室内外应有发展性和连续性，让幼儿在活动区域内能够发展情感、智力、身体和社交等方面的活动

● 室外活动区域可以按活动类型，幼儿年龄和活动区域内的景观特色来划分，各活动区的分割应是清晰的，但是各区域之间要保持视觉效果的连贯。学步幼儿应与学前幼儿在各自的活动区之间有更为明显的分隔

● 室外活动区域的栅栏或隔断应无尖锐的边缘。栅栏不应包含类似梯子的元素，避免幼儿攀爬

● 多雨、湿润气候地区的幼儿园可以在室外活动区域设置露天平台；日照充足的热带地区可以在室外活动区域设置带遮阳棚的活动平台。此外，在室外活动区域设置门廊可以适应多种气候

● 室外活动区域的设计应与主要的活动类型相联系，各区域的规划要能容纳下相关活动的设备。通常，对幼儿身心有益的室外活动区域类型包括可以玩水和沙的游戏，提高社交能力的区域；可以允许幼儿跑、跳、攀爬、驾驶各种玩具车，提高活动能力的区域

● 为学步期（2～3岁）的幼儿设计室外活动的区域需要能满足这个时期幼儿跳跃、攀爬、探索的身心发展需求。因此区域内应能允许施展以上的活动，例如可以在活动区域内设置简单的攀爬器械和滑梯，也可以设置半封闭的玩具屋或者爬行管道。应特别注意，这些设施旁应配备有弹力的垫子等带有弹力表面的保护设施。还可以为这一时期的幼儿在室外活动区域内铺设沙地、步道和草地各种小区域，配合各种小玩具。注意玩沙区应为水可渗透的，避免招引啮齿类动物和昆虫

● 为学前（4～5岁）儿童设计室外活动区域需要提供更有创意活动，能同时施展动、静兼有的活动，以及可以提供探索自然机会的活动。这个时期的儿童开始有交流、社交、讨论和协商行为。在这个阶段，儿童开始玩角色扮演游戏，同时跑、跳、攀爬、荡秋千仍是他们重要的活动。因此，

为这个时期儿童设计的室外活动区域要更大，设施要较学步期幼儿的更复杂。这个区域可以设置能够完成角色扮演的玩具屋、场地和小玩具。此外，学步期幼儿园活动区域内设置的步道和玩沙、水区域仍可以设置在此区域内，还可以在这个区域提供轮胎秋千，避免使用标准秋千，这在幼儿园的集体看护条件下会有安全隐患

● 室外活动区域的设计对幼儿来说可以有一定的挑战性，但必须要排除隐藏的隐患和危险，例如不应使用金属滑梯、封闭的管道滑梯

● 教室的设计应为空间内的活动提供灵活性。教室内的基本空间包括入口、储物柜、洗手间、学习区域、吃饭区域、活动区域、床铺区。此外，在教室内可以提供和幼儿身高相当的展示区域，用于陈列艺术品和小物件，但避免使用大头针悬挂画作。还可以利用教室内的角落创建小活动区域或满足一些储物或喂养需求

● 对于一家以幼儿身心发展为主的幼儿园，教室的设计应能让幼儿的视角更广，教室的布局应能便于幼儿观察教室周围、室外活动区域、走路和其他教室的情况。窗户的高度应能便于幼儿观察窗外的情况，家具的高度也需要不阻挡孩子的视线。相应地，教室的布局应不阻碍教师观察教室内幼儿情况的视线，教师应在任何情况下都能观察到幼儿的情况。教室内除了成人用洗手间，各空间之间使用透明的隔断和门

● 教室内动、静活动区域应该分离。使用不同高度的天花板、不同的层高、不同光线强度和不同开放性的区域来区别动态活动区域和静态活动区域。例如，教室入口为幼儿活动频繁区域，应使床铺区域远离这个区域

● 教室内的储物柜空间要考虑到更换衣物时不要造成空间的拥堵，可以考虑采用衣帽间以避免占用教室墙面空间。橱窗柜大小要根据幼儿的年龄，如搭配穿衣凳，穿衣凳也应符合幼儿年龄和身高。储物柜空间还可以配备挂书包和背包的挂扣

● 教室内应有一块开放式活动空间，在这个空间内可以进行艺术、音乐、角色扮演、阅读、手工、数学、科学实验等课程的学习。这个空间可以供教师根据活动内容灵活的布置。这个区域配备的可以是日常教学用品和材料，可移动的黑板、座椅、展示架等。设置这个空间时要注意有足够的采光，空间内固定的建筑元素应沿墙设置，减少占用空间影响活动进行

疑难与解答

　　在设计幼儿园的室内外活动空间时，设计师通常会遇到以下问题：如何设计出有趣也对幼儿有益的活动空间？如何在有限的空间内设计出能利于幼儿身心发展的室内外活动空间？如何平衡幼儿园活动空间需要的娱乐性和安全性？如何通过活动空间的设计发展幼儿的活动能力和学习探索能力？如何设计幼儿园的公共活动空间，让任何年龄段的幼儿都能得到充分身心发展？以及一些特殊情况的处理，例如改造旧建筑中的幼儿园，其中的活动空间如何设计才能符合新的幼儿园教育需求？

　　面对这些问题时，一些成功案例的设计师是这样用他们的案例来回答的。

Q 如何设计出一个高品质并且充满创意的幼儿园活动空间？

A 在活动空间内，采用具有可以随意灵活搭配的定制家具，通过家具让活动区域景观化，为不同的学习区域设计了具有挑战的定制家具，为每个学生提供空间，以促进在幼儿园的差异化学习；活动区域提供多样的体验式学习区域，将身体学习、身体挑战、团队合作和对音乐和艺术的接触融入室内和室外学习环境中。设计通过这些重叠和差异化的学习区域，实现对每个孩子的支持、开发和吸引，实现知识共享、激励获得和个人挑战。

——罗桑·博世工作室，LICEO EUROPA 幼儿园

Q 如何在旧建筑有限的空间中设计出更多新意的活动空间？

A 重新定义旧建筑中空间的功能，通过有特色的衔接空间作为新旧空间的过渡并能增加幼儿园空间的趣味性和探索性。

利用旧建筑中的空间特色营造出有新意的活动空间，例如利用屋顶和楼层高度落差设置更多的活动空间；利用巧妙的家具设计既节省空间又创造新意，例如设置整面墙的架子式家具。

——Moke Architecten 建筑事务所，朋海登詹科幼儿园

Q 当用地紧张时，如何设计一个带庭院的幼儿园？

A 利用建筑空间的特殊规划，为庭院创造空间，并确保日照充足；室内外空间多设计相连的路径，确保孩子们与庭院和自然有更多的接触，例如将各种尺度的室内空间和庭院空间串联在路径上，使孩子们的每一次"外出"都能够通过庭院获得更多与"自然"和"社会"接触的机会。

——山水秀建筑事务所，华东师范大学附属双语幼儿园

Q 怎样在幼儿园内打造一个适合所有年龄段幼儿的活动空间？

A 为孩子们创造一个可以自己选择不同活动方式的自由空间，房间的同一区域可以有几种不同的使用方法。

让活动空间可以进化，设计师可以把幼儿园的室内空间看作是活的有机体，让其在使用过程中有生长和进化的可能性，让其中一部分东西在使用过程中将会被重新塑造或改进，形成新的吸引力，例如曲面墙、窗户/房子，供玩耍或打盹的小洞，有迷宫的洞穴，水池，这些元素可以让幼儿发挥想象力，自己学习和发展这些元素的玩法。

——安德烈·斯特列利琴科，圣彼得堡儿童俱乐部

Q 如何为一家提倡培养幼儿活动能力的幼儿园设计室内外的活动空间？

A 在室外为专项运动提供专门空间，传统运动项目空间可以有所创新，但要注意天气带来的影响和安全性。

例如一个椭圆形足球场——椭圆的形状能更好地反映孩子的运动情况，而与传统运动场形式的不同，会无意识地激发孩子们的创造力。

室内活动空间按不同活动类别划分，空间内的设施和家具是专门为引导活动而设计的。

活动空间应宽敞、开放，促进不同组别和不同年龄的孩子之间的合作和交流，活动室之间的连接走廊也可以设置成滑梯、跑道等形式，暗示提倡运

动的思维；各活动室要有特有的标识，指示明确。

——朱·科特尼克建筑事务所，Riko 体育幼儿园

Q 如何设计幼儿园的活动空间能够帮助幼儿的独立思考和学习的能力？

A 特色活动区域内的设置可以随着一天时间的变化而变化，或随着季节的变化而变化，刺激幼儿的思考能力和观察能力，例如"湖"主题房间天花板上的湖形镜子使得人们可以在一天之中，一年四季里直观地感受到自然光线每时每刻的变化。

活动空间可以设置多种用途，例如活动设施"绿色山丘"的设计可在一系列提高孩子创造力的活动中得到使用，比如做音乐会的座位、戏剧的舞台，或者是展览的展台。

活动区域内采用鲜艳的色彩模仿大自然中的环境，使孩子们能够愉快地沐浴在色彩的节奏中，在其中成长，找到属于自己的空间，并决定如何以自己的方式度过时间。

——Moriyuki Ochiai Architects 建筑事务所，LHM 幼儿园

Q 如何设计户外活动空间让孩子既能亲近自然，促进感知能力，又能增强园区的安全性？

A 幼儿园活动场地建在圆形的建筑结构之中，同时满足了场地的娱乐性和安全性，环形结构的设计既能为孩子们提供舒适的游乐场地，也方便在紧急情况下快速逃生；户外活动空间不仅仅设计成开放式的空间，还应有所变化，如阳光充足和有篷遮挡，较高的屋檐和屋檐下的窄空间，改变地板和屋顶的方向和高度产生的斜坡、小丘和小洞，这样的设计才能使孩子们在这里一年四季都不感到无聊；使用天然的材料和节能设施，既保证安全性又能促进幼儿对自然世界的探索，例如为了让孩子们有机会在学习材料的名称的同时，感受它们本身的质地，设计师试着在项目中保持木材、钢铁和石头等材料的原始质地，但并没有使用材料的原色，相反的，设计团队利用三维和所谓的"类原色"结构，不但提供不同的空间特征和环境的对比体验，又不会因为使用钢铁、石头等材料产生安全隐患。

——研介建筑工作室，Amanenomori 幼儿园

接下来的几个案例，是设计师根据疑问通过案例进行的详细解答。

LICEO EUROPA 幼儿园

地点： 西班牙，萨拉戈萨

面积： 650 平方米

设计： 罗桑·博世工作室

摄影： 金姆·文特

平面图

1. 操场
2. 游戏区
3. 带座位活动区
4. 黄桌子活动区
5. 卫生间
6. 山景观活动区
7. 沙漠景观活动区

项目简介：

罗桑·博世工作室为位于西班牙萨拉戈萨的 Liceo Europa 幼儿园设计了一个全新的教育环境。动感的学习环境充满设计的细节，着重强调对教育机构应用教育学"多元智能"的支持，以独特的概念设计为基础，根据不同学习方式的结合，满足儿童学习和发展的需要。

该建筑面积约 650 平方米，可容纳 200 名儿童入托。设计理念是打造一个高质量、面向未来的设计方案。它遵循国际标准，以强烈的视觉特色为基础，同时在设计中借鉴当地文化。

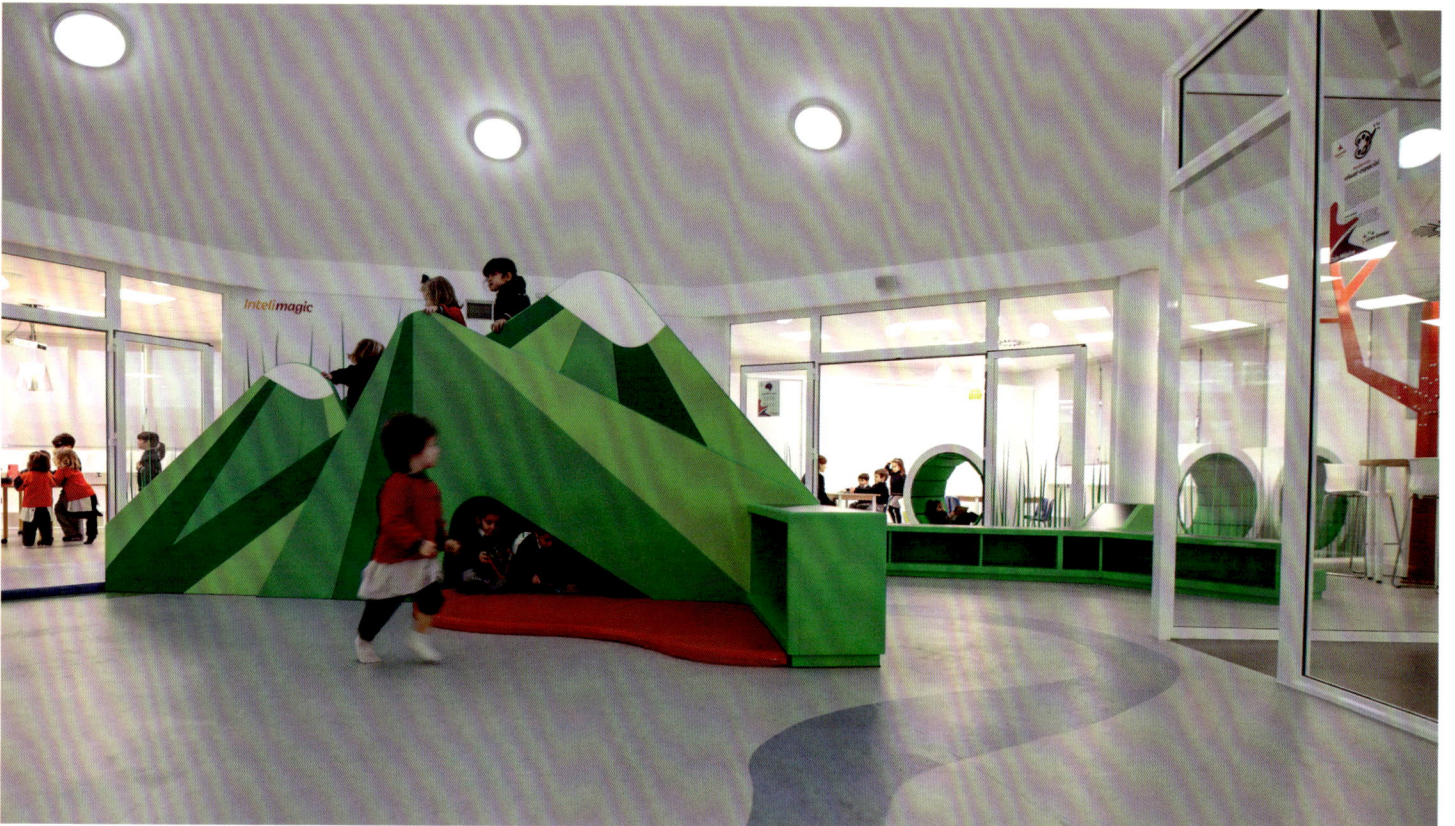

A 在区域内，采用具有可以随意灵活搭配的定制家具，通过家具让活动区域景观化。

罗桑·博世工作室为不同的学习区域设计了具有挑战的定制家具，为每个学生提供空间，以促进在幼儿园的差异化学习。幼儿园的物理空间是教育发展最重要的工具之一。大山里的山洞、山谷和沙丘组成的景观代替传统的桌椅教室，玩具和书籍可以存储在里面。配备了灵活家具的沙漠则可以容纳多种不同类型的正式和非正式学习情景。

A 活动区域提供多样的体验式学习区域，供孩子们分享知识、获取灵感、激励挑战。

身体学习、身体挑战、团队合作和对音乐和艺术的接触是学习的一部分，这些领域的学习被认为是学校里幼儿教育不可或缺的一部分。这些功能强大的学习方式已经被融入了室内和室外学习环境中。设计通过这些重叠和差异化的学习区域，实现对每个孩子的支持、开发和吸引，实现知识共享、激励获得和个人挑战。

朋海登詹科幼儿园

完成时间： 2015 年

地点： 比利时，朋海登

面积： 2,380 平方米

设计： Moke Architecten 建筑事务所

摄影： 塞及·沃尔扎克

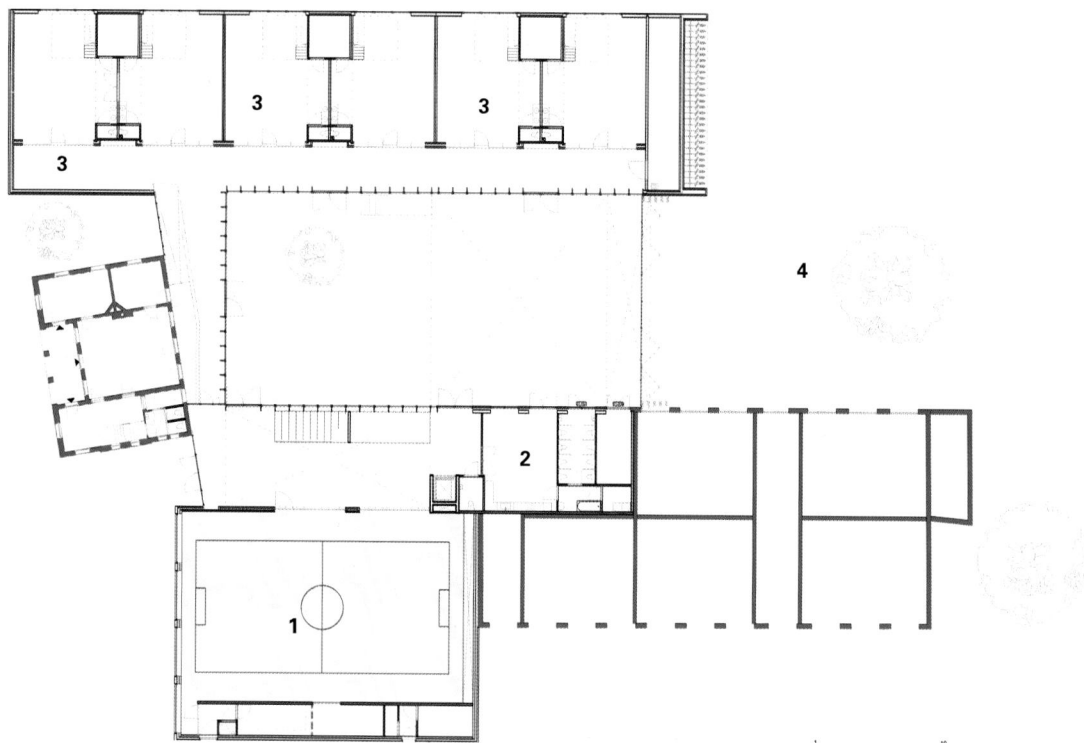

一层平面图
1. 足球场
2. 卫生间
3. 教室
4. 操场

项目简介：

本案例是一个在旧建筑基础之上改造并扩建的幼儿园。旧建筑由于功能和空间上的局限很难满足一个幼儿园的需求。经过建筑新的活动空间，重新配置空间功能，定制家具，新幼儿园中的活动空间变得更多，更有新意，很好地满足了儿童的活动和学习需求。

这个项目是通过竞赛获得的。建筑师吉阿尼·西托在项目的竞赛时期，是 Dok 建筑事务所的联合创始人和建筑师。他作为 Moke Architecten 建筑师事务所的合作伙伴，在阿姆斯特丹的建筑和城市建设方面迅速成长。

竞争取胜的关键概念是重新利用现有的市政厅大楼。现存建筑内的幼儿园已经旧了，失修了，需要一座新的建筑。

A 重新定义旧建筑中空间的功能，通过有特色的衔接空间作为新旧空间的过渡并能增
加幼儿园空间的趣味性和探索性。

孩子们会在兼有现在和过去元素的环境中成长。朋海登老市政厅被改造成了入口大厅，并包含了
所有的行政功能。孩子们从气派的原市政厅进入新学校。这是一栋别致的建筑，也是朋海登镇上
仅存的几栋老建筑之一。老建筑与新建筑通过一个"回廊"连接。"回廊"绕院子而建，通向各
个房间。院子里有运动场。此外，工程还修缮了小学校舍。旧建筑和新建筑组合而成一个供孩子
玩耍和学习的安全环境。

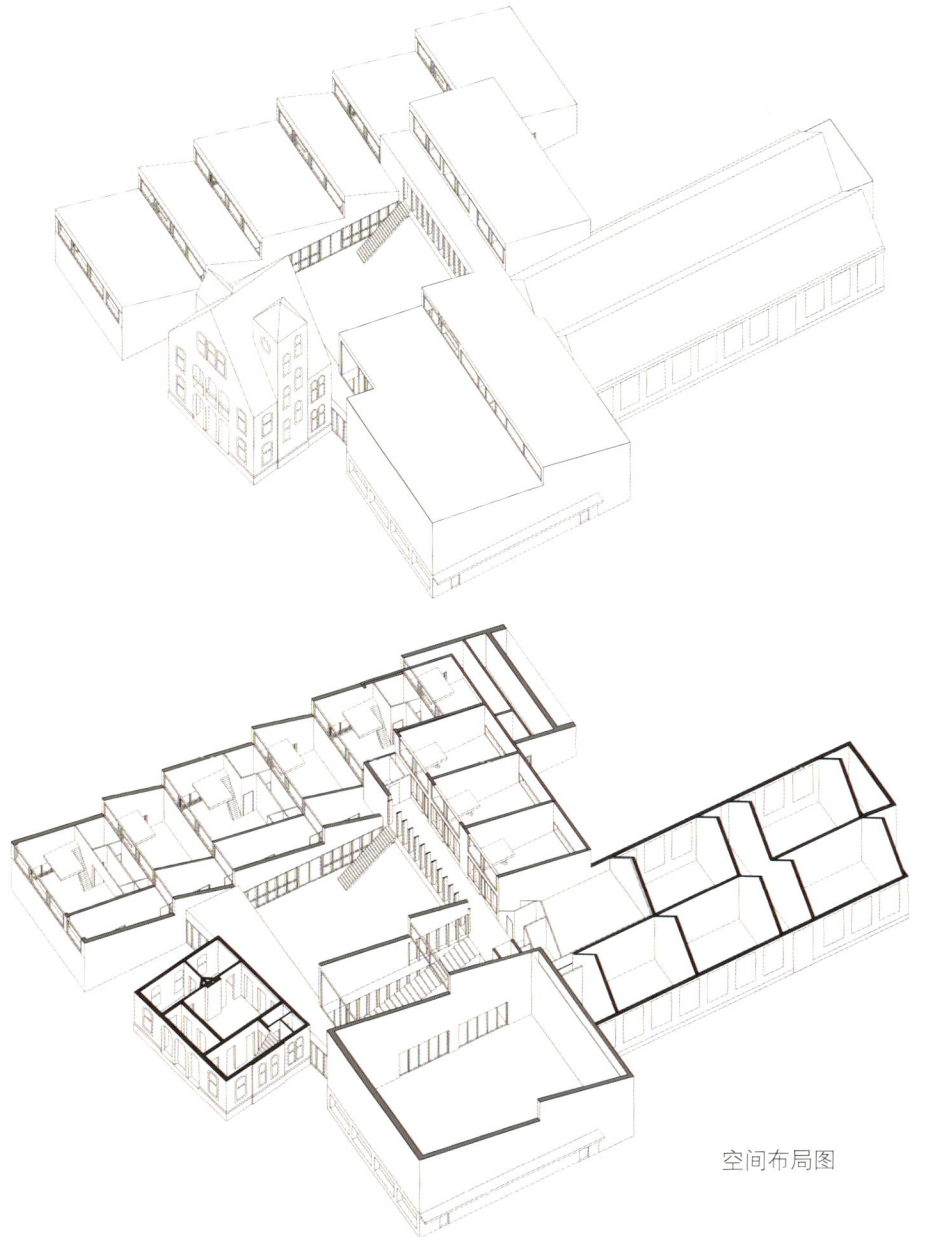

空间布局图

A 利用旧建筑中的空间特色营造出有新意的活动空间，例如利用屋顶和楼层高度落差
设置更多的活动空间。

所有的教室、中央大厅和体育设施都被分配到新大楼里。建筑顶部的斜坡屋顶提供了北侧的光线
和非常高挑的空间。教室里的夹层地面也利用了空间的高度。这些教室里的窗户又长又低。从不
同方向射入的阳光为房间营造出活跃而舒适的氛围。

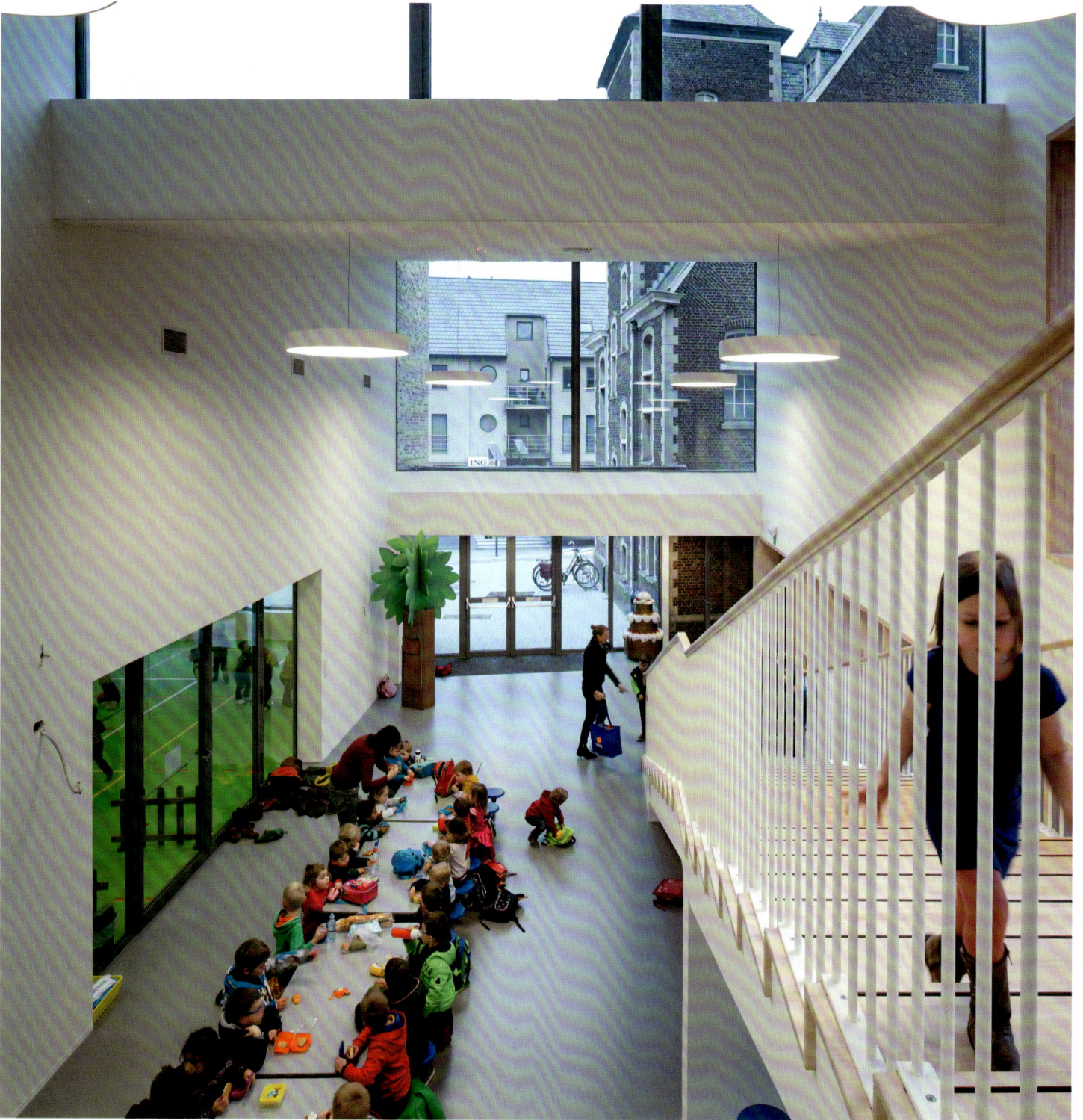

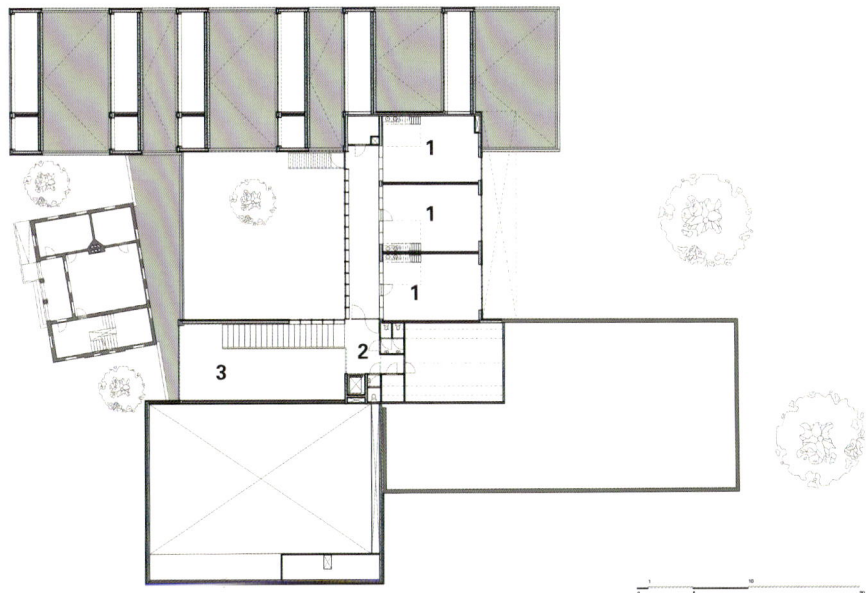

二层平面图

1. 教室
2. 卫生间
3. 楼梯

A 利用巧妙的家具设计既节省空间又创造新意，例如设置整面墙的架子式家具。

大多数家具都融入了建筑中。教室里有色彩鲜艳的家具墙，充当储藏空间和简便厨房。回廊和庭院之间的墙面实际上是一个巨大的架子式家具系统，其中除了架子，还有抽屉和橱柜功能。这面墙也是展示孩子们作品的空间。

华东师范大学附属双语幼儿园

地点： 中国，上海
面积： 7，400 平方米
设计： 山水秀建筑事务所

场地平面图

项目简介：

庭院，在中国的建筑里，不仅仅是一种物理空间的传统，还是情感交流的中心。人们通过庭院维系一个家庭的凝聚力、增进亲友之间的交往，并得以用触手可及的方式与天地、与自然相通。而这对于今天生活在大城市的人来说，已经是一种妄想。

安亭位于上海西北角与苏州花桥接壤的地方，这座幼儿园坐落在 11 号线安亭站南边的一片新社区中，是率先建造的公共建筑之一。7,400 平方米的用地要容纳 15 个班是颇为紧张的。不过，我们还是想通过这次机会，为现代都市里的儿童设计一个有庭院的幼儿园，给他们留下关于庭院生活的情感和记忆，并通过庭院帮助他们认识自然、认识社会、塑造自己。

144

华东师范大学附属双语幼儿园
East China Normal University Affiliated Bilingual Kindergarten

A 利用建筑空间的特殊规划，为庭院创造空间，并确保日照充足。

庭院的营造需要建筑单元的围合，我们顺应场地西侧的斜向边界，将建筑群的平面布局规划成"W"形，加上自南向北的退台，最大限度地获得西、南、东三个方向的日光。经过研究，我们发现六边形单元体是适应这一群体形态的最佳选择，蜂巢状的组合能够更好地适应斜边的转折，其内部和外部空间更有活力和凝聚感，也能够消解传统四合院中正交轴线所产生的压力。最终形成的单元体是不规则的六边形，其中三个边等长，这使我们能够根据日照和功能的需要进行更加灵活的组合。

A 室内外空间多设计相连的路径，确保孩子们与庭院和自然有更多的接触。园内的廊道沿六边形边缘布置，进入大门，学生和老师就沿着曲折的廊道行走，经过入口庭院和门厅，经过路径的分岔与合并，经过邻班的教室与重重院落的花草，抵达孩子们所在的班级。

教室内的集中活动围绕中心的圆柱展开，临近外墙则有专门为孩子设计的凸窗空间，是他们阅读和照料小植物的场所。每一层每一间的教室都与室外的分班活动场地直接相连，两个班级分享一个活动庭院。从自己的庭院开始，孩子们可以出发去图书室、音乐室、美术室、游戏室、食堂、多功能厅、小小农场以及其他班级的庭院和教室，室外楼梯可让二楼和三楼的孩子能够便捷地从自己的庭院加入到一楼大操场的活动中。

通过精心的组织，我们将各种尺度的室内空间和庭院空间串联在路径上，使孩子们的每一次"外出"都能够通过庭院获得更多与"自然"和"社会"接触的机会。我们相信这些探索、发现和交流的经验，将以潜移默化的方式成为他们童年记忆的一部分。

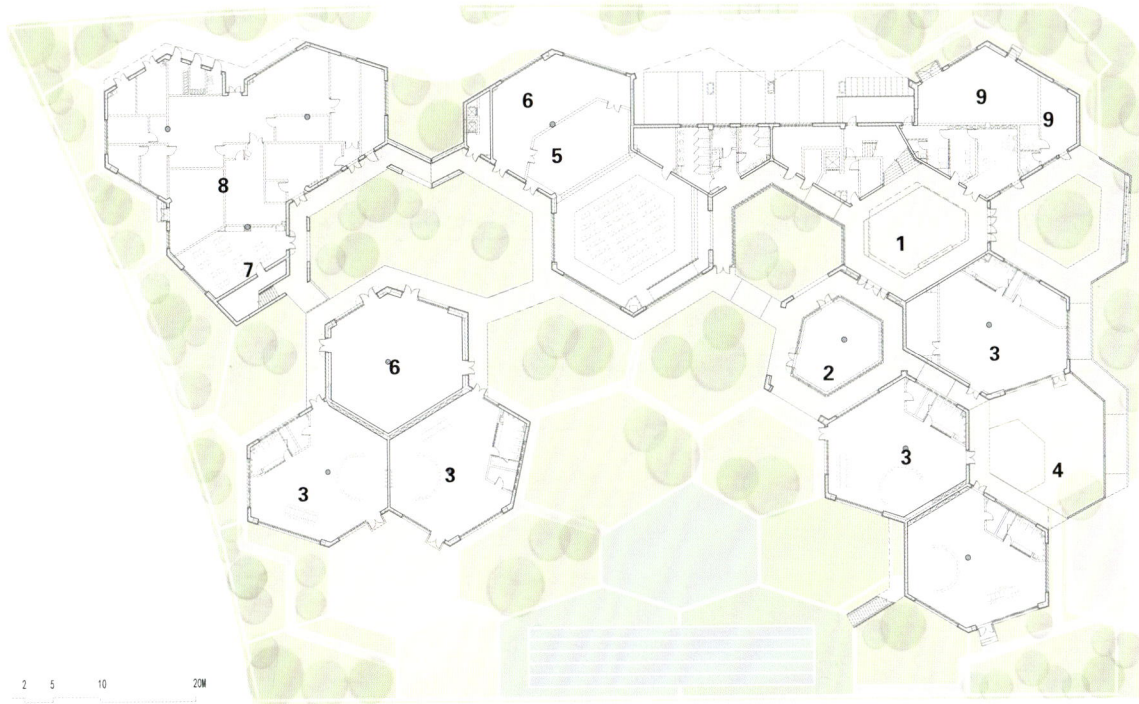

一层平面图

1. 大厅
2. 活动室
3. 教室
4. 活动平台
5. 多功能厅
6. 专业活动室
7. 食堂
8. 厨房
9. 服务用房

二层平面图

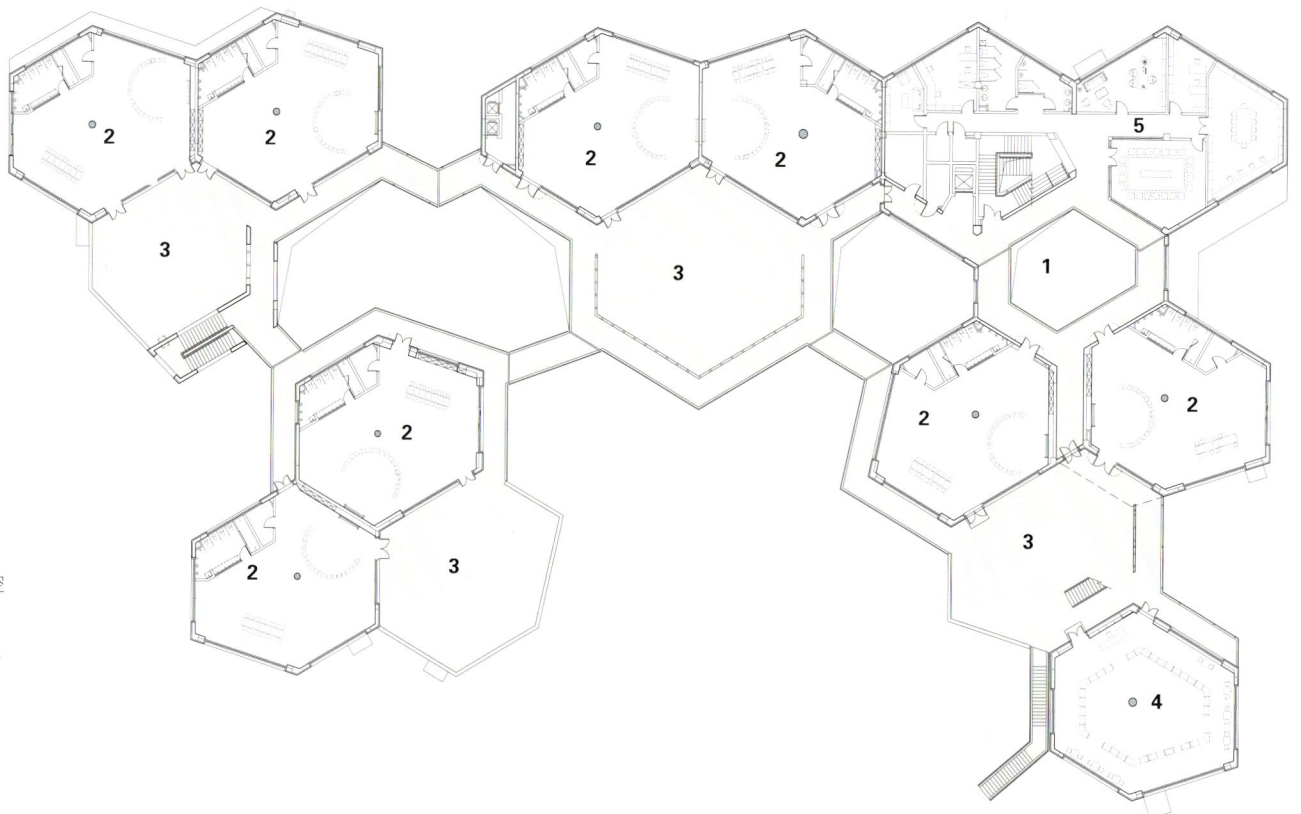

1. 大厅上空
2. 班级
3. 活动平台
4. 图书室
5. 办公室

圣彼得堡儿童俱乐部

完成时间：2016 年 10 月

地点：俄罗斯，圣彼得堡

面积：600 平方米

设计：安德烈·斯特列利琴科

摄影：德米特里· 塞伦奇科夫

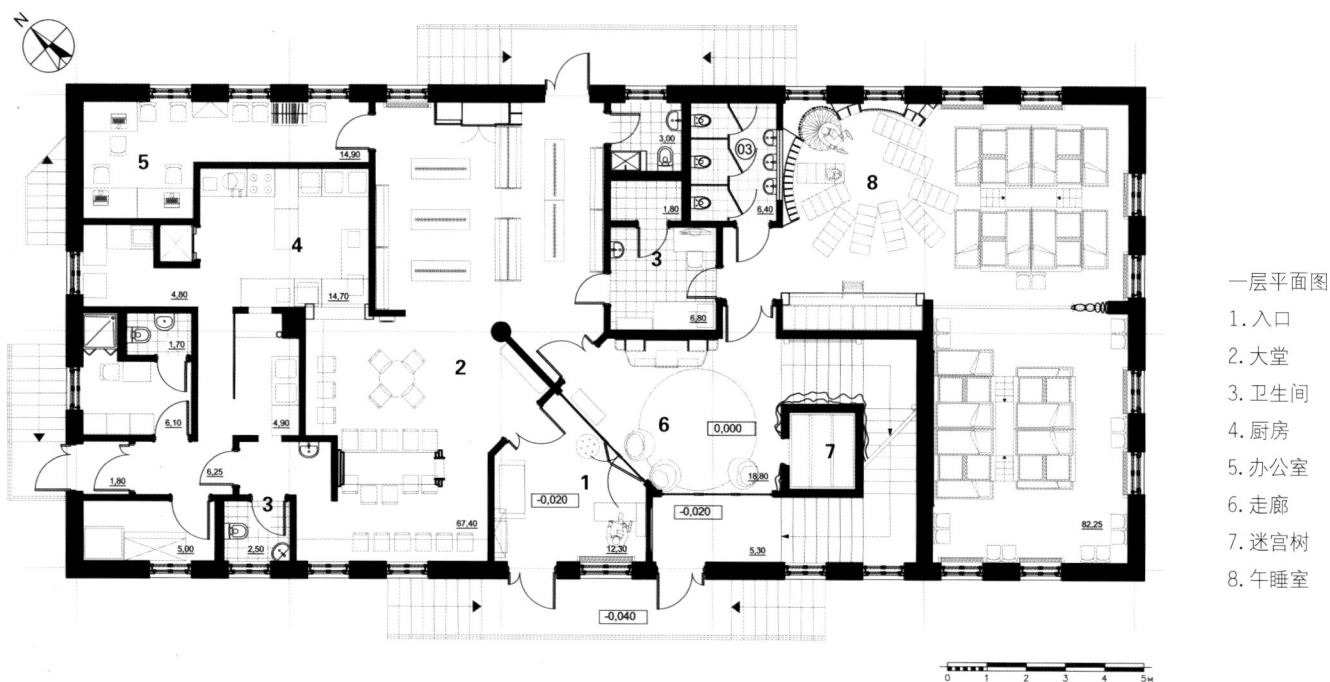

一层平面图

1. 入口
2. 大堂
3. 卫生间
4. 厨房
5. 办公室
6. 走廊
7. 迷宫树
8. 午睡室

项目简介：

本设计案例是一个采用新教学方式的幼儿园。幼儿园不将幼儿以年龄进行分班，而是将不同年龄的幼儿混合编排到一起。一楼空间分为三个主要区域：厨房、咖啡厅和有特殊的午睡房间的儿童区域。孩子换衣服或者忙着活动时，家长们可以在咖啡厅愉快的气氛中等待。二楼容纳的是游戏、运动、"秘密迷宫"、创意工作室和剧院。

二楼的特色活动空间是项目的设计重点。室内设计的核心理念是为不同年龄的孩子创造一个开放的创造性活动空间。创造了一个现代的、与孩子比例适合的环境，避免了简单地将孩子按年龄分组，按年龄分配不同的活动空间。

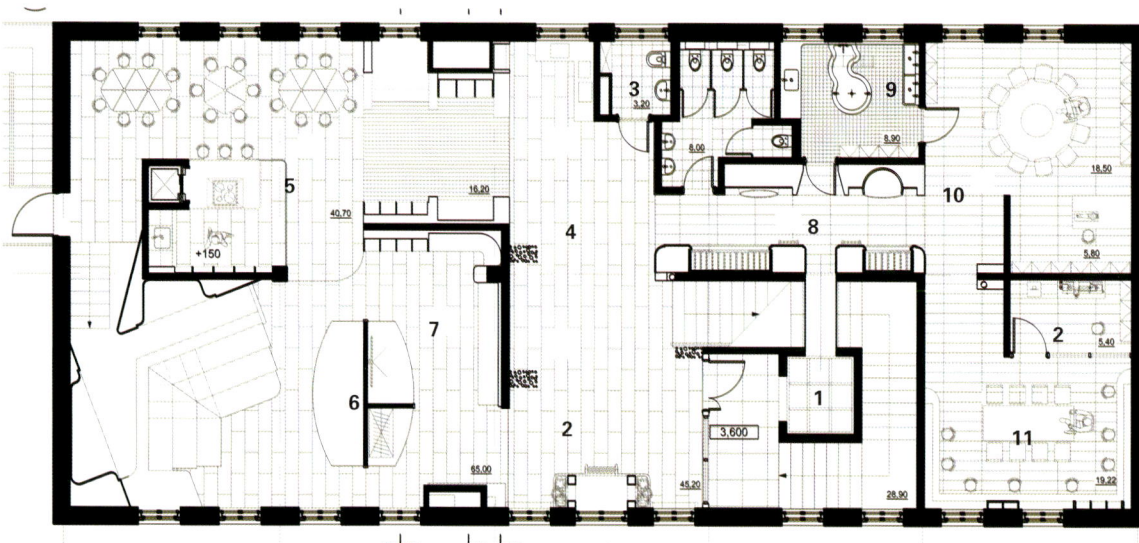

二层平面图
1. 迷宫树
2. 攀爬墙
3. 卫生间
4. 蒙台梭利教室
5. 食堂
6. 剧场
7. 媒体图书馆
8. 保险箱
9. 水房
10. 缝纫室
11. 办公室

A 为孩子们创造一个可以自己选择不同活动方式的自由空间。

孩子们可以在活动区攀爬，或者到一个叫作"水"的房间，在小水池里玩耍。孩子们可以在特色小洞里以更轻松的方式娱乐，其中还可以找到一个媒体图书馆。

房间的同一区域可以有几种不同的使用方法。仅到达二楼就有几种不同的方式：孩子们可以爬着穿过"树干"里的迷宫或攀上梯子上到二楼。

A 让活动空间可以进化。

"室内空间的最终效果如梦如幻，我希望它会受到孩子们的欢迎。但是它不应该在很长一段时间内都保持不变（它应该是进化的），因为每一代的孩子都在新的生活条件下成长，需要最新的教育方法和教育环境。"室内设计师安德烈·斯特列利琴科说道。

室内空间是活的有机体，在使用过程中有生长和进化的可能性。项目中使用到的许多概念未来都会体现使用价值，也会进一步发展，其中一部分东西将会被重新塑造或改进，形成新的吸引力。

这样的设计方案在方方面面都尽可能多地提供儿童发展所必需的元素。设计中也用到了日常生活中很少见到的各种形态：曲面墙、窗户／房子、供玩耍或打盹的小洞、有迷宫的洞穴、水池。

A 用材料和色彩保持视觉上的多样变化。

房间首先有视觉上的区分。孩子们进入新的色彩空间，便可以立即切换到新的活动中，或者呈现全新的场景和氛围。顶棚的混凝土表面和墙壁的中性颜色充当背景，突出色彩活泼和质感多样的活动点，为激发创造力和主动娱乐提供新的机会。

每一个新的空间都用新的材料：木头、混凝土、陶瓷、织物。这些材料分别提供不同的触觉感知，帮助孩子了解世界，比较不同材料和不同表面触感的差异。项目中甚至还有一间屋子专门供孩子与水进行接触。房间地面使用的是以下材料：PVC 砖、梦梵丽复合地面、彩砖。

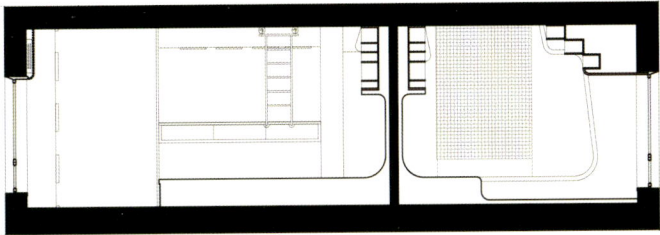
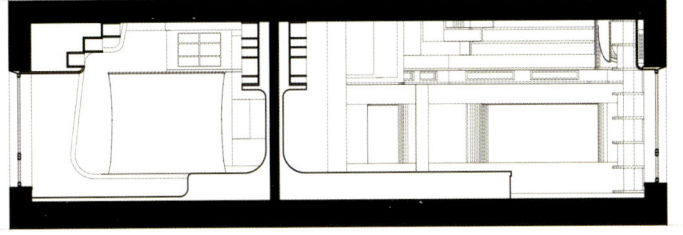
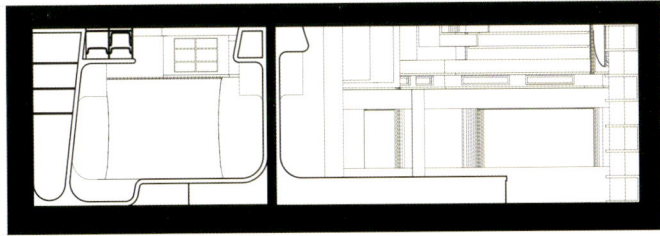
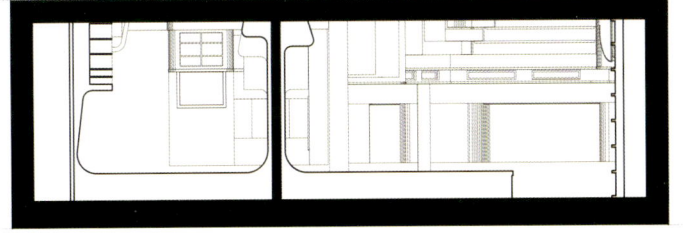

剖面图

Riko 体育幼儿园

地点：白俄罗斯，明斯克

面积：1,200 平方米

设计：朱·科特尼克建筑事务所

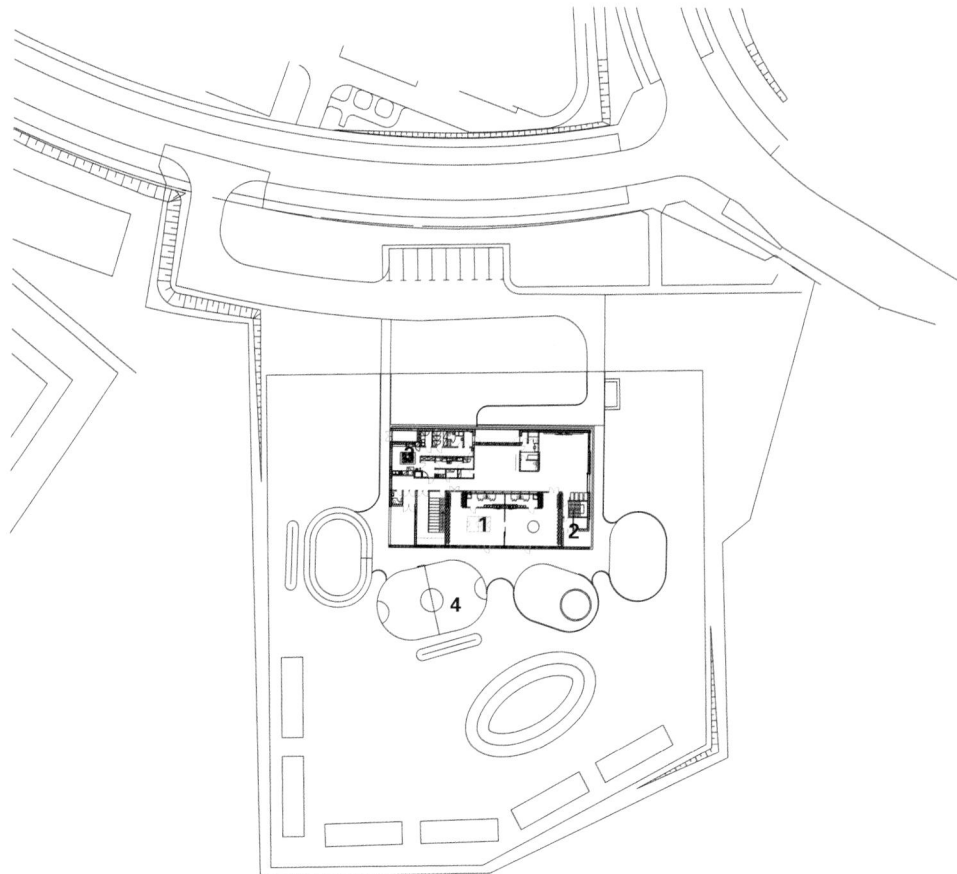

一层平面图

1. 室内足球场
2. 教室
3. 厨房
4. 操场

项目简介：

Riko 体育幼儿园位于白俄罗斯首都明斯克的西北方向的城市边缘。城市的这一部分正在快速发展，对新学前教育设施的需求也在不断增加。本项目设计的是现代欧洲式幼儿园，在施工、建筑（是白俄罗斯全国的第一个 A+ 能源等级建筑）以及教育层面的创新中都有许多创新。

现在的孩子们缺乏体育活动，而 Riko 体育幼儿园就是为了解决这个问题而设计的。设计的重点是鼓励已被证明对儿童身心发展有积极作用的活动和体育运动。体育锻炼有助于提高他们的注意力和记忆力，同时通过体育运动锻炼他们的社交技能。幼儿园的运动导向系统分布在建筑的各个楼层。

桌 + 🔴 = 足球桌 ✔

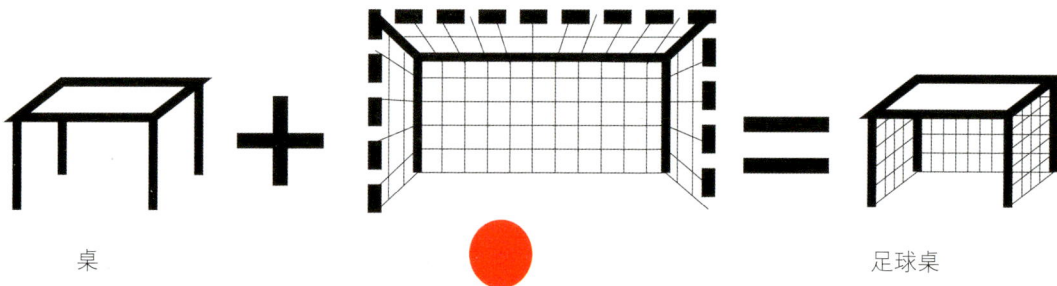

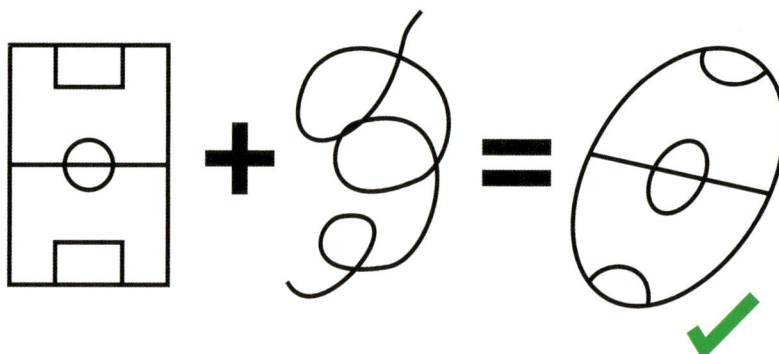

活动区概念展示 ✔

A 在室外为专项运动提供专门空间，传统运动项目空间可以有所创新，但要注意天气带来的影响和安全性。

幼儿园为不同的运动和活动提供了一系列室外空间。其中极具创新性的是一个椭圆形足球场——椭圆的形状能更好地反映孩子的运动情况，而与传统运动场形式的不同，会无意识地激发孩子们的创造力。除了传统的游戏设备，还有一个可以用于多种体育活动的体育场地和多用途平台。每个游戏室都有自己的木制游乐场，可以保护孩子们免受夏季烈日或大雨等恶劣天气的影响。操场的中间还有一个小山丘，适合进行滑雪、攀绳和其他运动，而其余的自由场地可以用来组织各种运动，或者在冬天进行备受欢迎的越野滑雪。

A 室内活动空间按不同活动类别划分，空间内的设施和家具是专门为引导活动而设计。

室内有大量的运动器材和两个运动大厅。其中一个是芭蕾练习厅，另一个用于团体运动和攀岩。许多设备都是可以移动的，可以在大楼内随意移动。甚至一部分家具的设计也体现鼓励体育运动的理念，比如教师的书桌也可以用作室内足球球门。许多其他元素也有双重用途，如台阶形成的剧场，配有彩色的坐垫，或是游戏室里的橱柜门可以用作绘画的黑板。在芭蕾大厅里，有一个特别的小圆形剧场，可以迅速变成桌子和椅子，将这个空间迅速改造成额外的游戏室或其他活动空间。

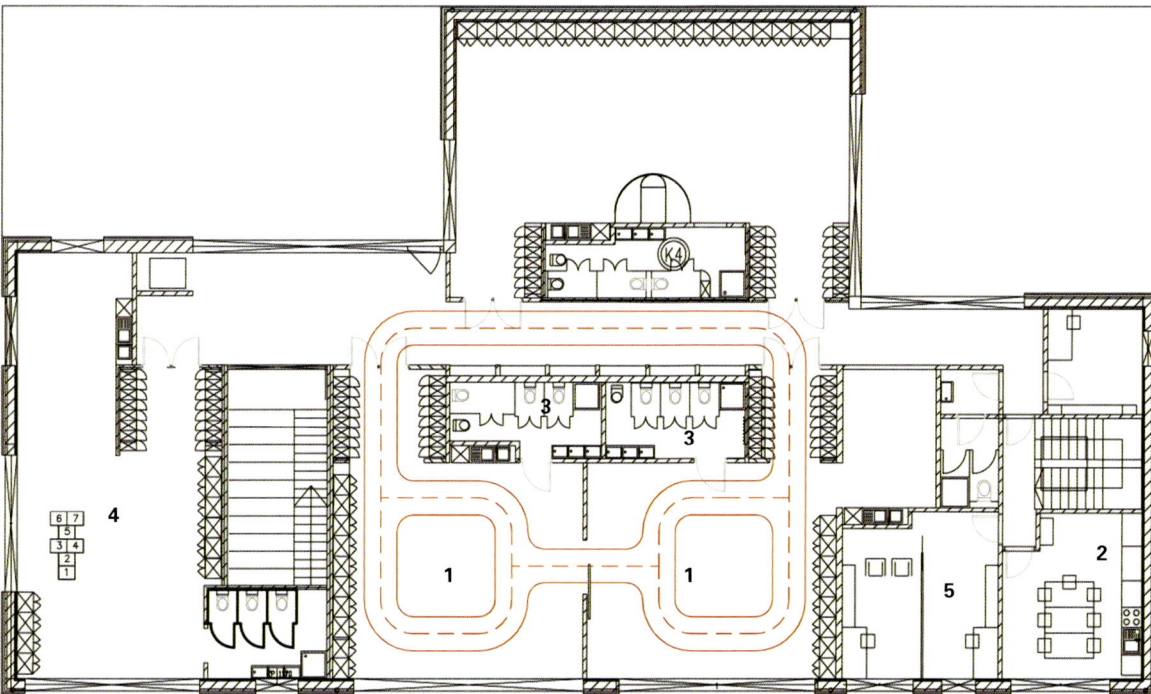

二层平面图
1. 公共活动区
2. 会议室
3. 卫生间
4. 活动室
5. 教室

A 活动空间应宽敞，开放；活动室之间的连接走廊也可以设置成滑梯、跑道等形式，暗示提倡运动的思维；各活动室要有特有的标识，指示明确。

游戏室的设计宽敞而开放，整面的玻璃墙朝向操场。游戏室之间有滑动门，可以促进不同组别和不同年龄的孩子之间的合作和交流。游戏室的地板有几个特殊的标志，指示篮球、足球或跳房子等不同的体育活动，甚至还有一条道路穿过两个游戏室和中央空间。孩子们可以在路上骑着他们的滑板车，特制的儿童交通标志还可以帮助他们学习基本的交通知识。

LHM 幼儿园

完成时间：2015 年

地点：日本，东京

面积：230 平方米

设计：Moriyuki Ochiai Architects 建筑事务所

摄影：石田笃司

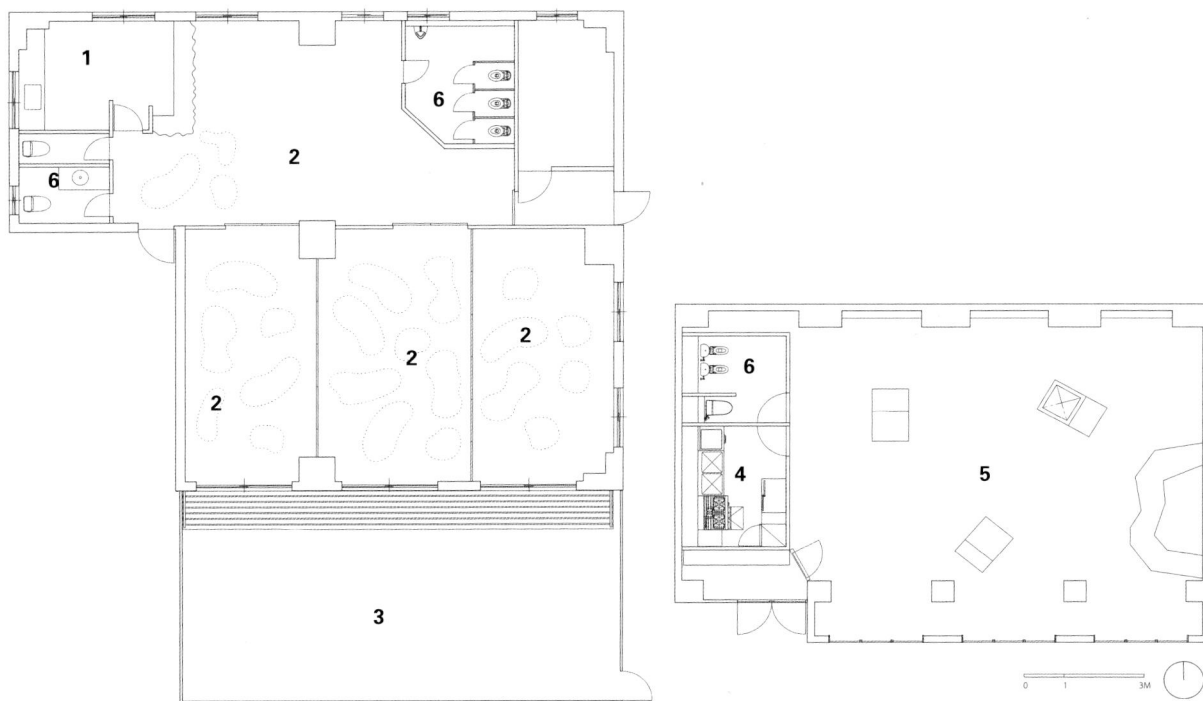

平面图

1. 办公室
2. 湖泊教室
3. 花园
4. 储藏室
5. 山教室
6. 卫生间

项目简介：

针对 LHM 幼儿园的教育政策，Moriyuki Ochiai Architects 建筑师事务所创造了一个有趣又令人兴奋的环境，着眼于培养能够独立思考、学习和行动的孩子。设计师创造出的这个空间透过玻璃窗户面向室外的一个花园，可以让人充分感受季节的变化，将美好的户外景观引入幼儿园。

设计师在景观设计上进行了尝试，引入了湖泊、山丘和山脉，可以激发孩子们的想象力，让他们以多样而有趣的方式进行体验。

借着巧妙的设计，景观与自然带来的轻松感贯穿整个空间，象征小丘的舞台，代表小山、洞穴或小树的家具，让人联想到水面的镜子，墙上的颜色渐变象征大自然的美丽。

A 特色活动区域内的设置可以随着一天时间的变化而变化，或随着季节的变化而变化。

"湖"主题房间天花板上的湖形镜子使得人们可以在一天之中、一年四季里直观地感受到自然光线每时每刻的变化，如借助一天之中不同时间的太阳和天空阴晴的变化。由于镜子会反射孩子们玩耍的身影，因此也突出了熙熙攘攘的感觉。由于镜面反射的影像提升了整个空间的活力，它所打造出的氛围鼓励孩子们接近自然现象，也为他们的日常活动增加了新奇有趣的感觉。

A 活动空间可以设置多种用途或者可以变化的游戏设施或者场地。

在"山丘"主题房间里，绿色山丘的设计可在一系列提高孩子创造力的活动中得到使用，比如做音乐会的座位，戏剧的舞台，或者是展览的展台。

此外，孩子们可以在小山脊一样的红色、蓝色和橙色家具上攀爬，或者把它们当成座位，当成山洞爬行或者把这里当成小屋躲进去享受自己的私人空间，或者好好读一本书，甚至玩捉迷藏。

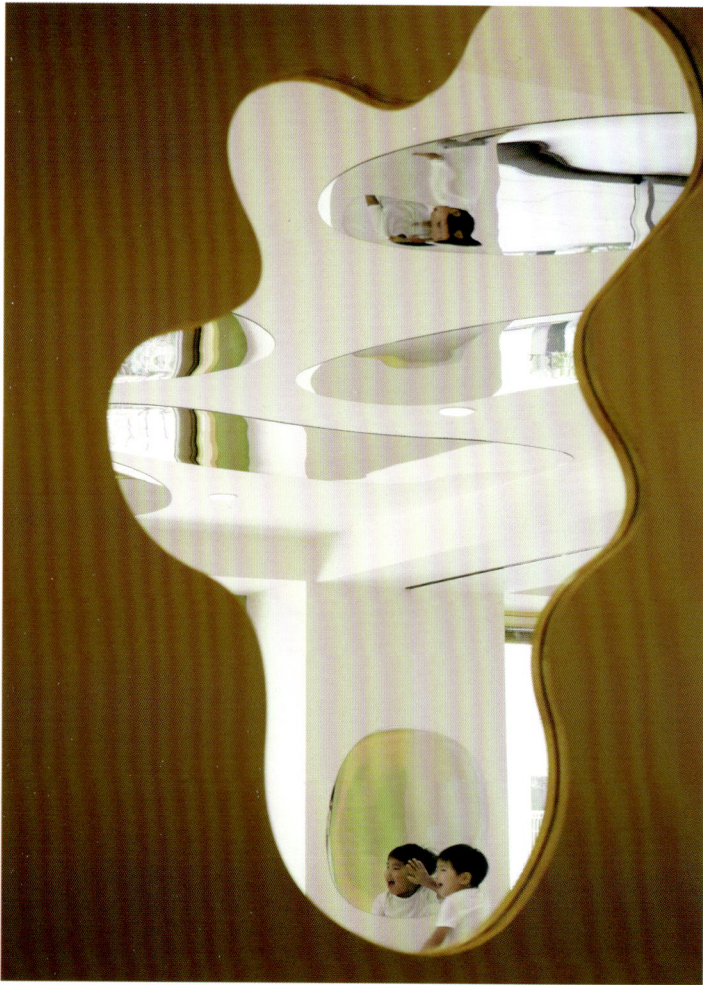

A 活动区域内采用鲜艳的色彩模仿大自然中的环境。

落日的橙黄色调、绿色的森林色调和山形游戏装置上的瀑布图案分布在整个空间，就像充满动感的色彩波浪。这使孩子们能够愉快地沐浴在色彩的节奏中，在其中成长，找到属于自己的空间，并决定如何以自己的方式度过时间。

Amanenomori 幼儿园

地点： 日本，船桥市

面积： 1,490 平方米

设计： 相坂研介（研介建筑工作室）

摄影： 小川重雄

一层平面图

1. 入口
2. 口袋公园
3. 停车场
4. 庭院
5. 管道
6. 机房
7. 办公室
8. 多功能活动室
9. 育婴室
10. 后花园
11. 午餐室
12. 厨房
13. 厨师休息室
14. 婴儿育婴室

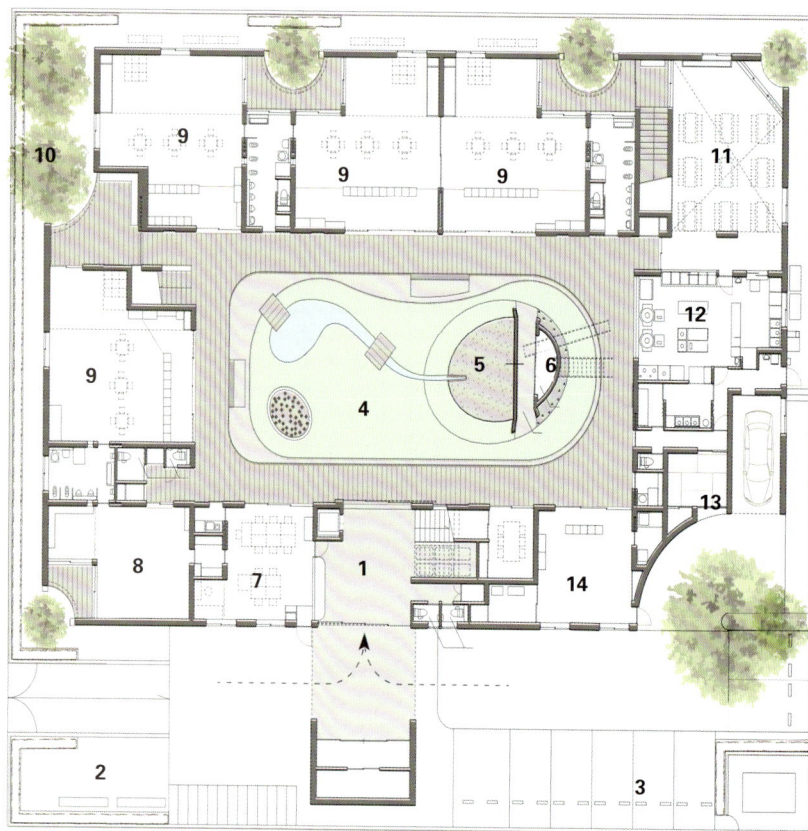

项目简介：

本案中的幼儿园位于船桥市，是一座有屋顶露台，呈现三维和电路式结构的两层结构。它的设计理念是为 160 名儿童提供足够的活动空间，让他们在大自然中玩耍，并为他们的父母和托儿所工作人员提供安全感。

"Amane" 在日本汉字中代表 "圆" "周围" 或 "全方位" 的意思，代表着幼儿园的美好愿望，希望孩子们感受到来自周围大自然的祝福，以及围绕树林的环形建筑的特色。设计师希望孩子们可以在大楼内外活动，感受周围的一切，培养他们的感知和思考的能力。

如何设计户外活动空间让孩子既能亲近自然，促进感知能力，又能
增强园区的安全性？

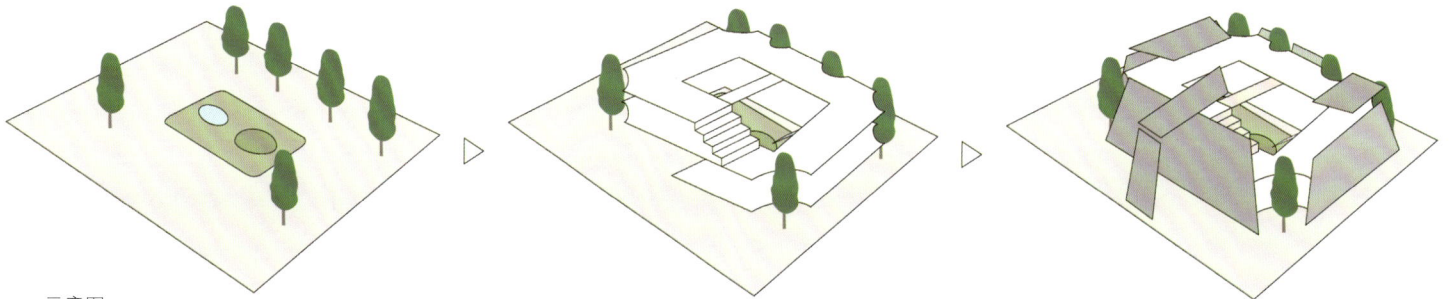

示意图

A 幼儿园活动场地建在环形的建筑结构之中，同时满足了场地的娱乐性和安全性。

场地南侧四分之一的区域是入口通道，其余部分为托儿所。将办公室职员、幼儿园工作人员和厨师的房间安排在入口和托儿所之间的边界上既简洁又安全。环形结构的设计既能为孩子们提供舒适的游乐场地，也方便在紧急情况下快速逃生。场地中间是庭院，树木沿庭院的外缘种植，中间安装甲板、斜坡、楼梯和小桥。项目的整体结构由坚固的梯形墙和屋顶包围，用它的坚固守护儿童的快乐。从围绕庭院的"O"形建筑延伸出的室外有檐走廊遮风挡雨，也为成年人提供了舒适和安全的感觉。这种结构可以帮助忙碌的父母在不脱鞋的情况下迅速地接送孩子，而幼儿园的工作人员可以互相帮助。

A 户外活动空间不仅仅设计成开放式的空间，还应有所变化。

每层楼的外部空间不仅采取了开放的形式，还富于变化，如阳光充足和有篷遮挡，较高的屋檐和屋檐下的窄空间，改变地板和屋顶的方向和高度产生的斜坡、小丘和小洞。这样的设计才能使孩子们在这里一年四季都不感到无聊。半圆形的"小花园"能够加强通风，在花园中心种植植物还能培养孩子们对大自然的热爱。从饮食教育的角度出发，为了培养孩子对食物的兴趣和品位，设计师把菜园安排在屋顶和二楼的玻璃墙厨房里。设计团队还特意降低了厨房的高度，方便孩子们观看厨房里的活动。同时，这样的设计也使管理人员能关注院子里的情况，弥补办公室存在的盲区问题。

屋顶平面图

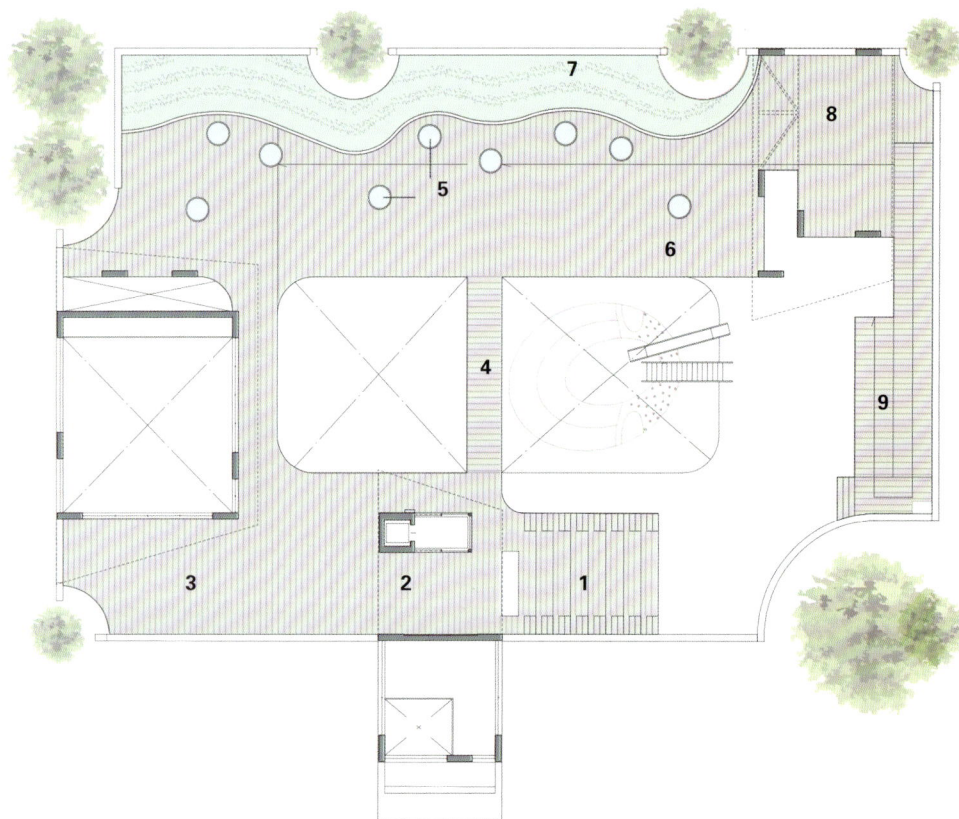

1. 分层剧场
2. 屋顶太阳能板
3. 运动广场
4. 桥
5. 天空灯
6. 假山
7. 菜园
8. 屋檐之下
9. 斜坡

使用天然的材料和节能设施，既保证安全性又能促进幼儿对自然世界的探索。

为了让孩子们有机会在学习材料的名称的同时，感受它们本身的质地，设计师试着在项目中保持木材、钢铁和石头等材料的原始质地。但并没有使用材料的原色。相反地，设计团队利用三维和所谓的"类原色"结构来提供不同的空间特征和环境的对比体验。

为了贯彻节能的设计理念，设计师利用屋檐控制光照强度，通过小花园改善通风条件，屋顶隔热板和菜园进行屋顶隔温，接地导管加热系统使用的是地热能源，小河和池塘中是回收的雨水，太阳能电池板产生循环动力。在日常生活中观察这些结构，孩子们可以学习到关于"自然"的知识，包括植物、风和雨等现象。

出于安全考虑，建筑每个部分的墙壁和栏杆都做了圆角防撞处理，窗口和天窗的边缘处理也成了设计的一项主题元素。半圆形的"小花园"将孩子们的注意力吸引到中心种植的绿色植物上，为孩子们灌输对大自然的喜爱之情。

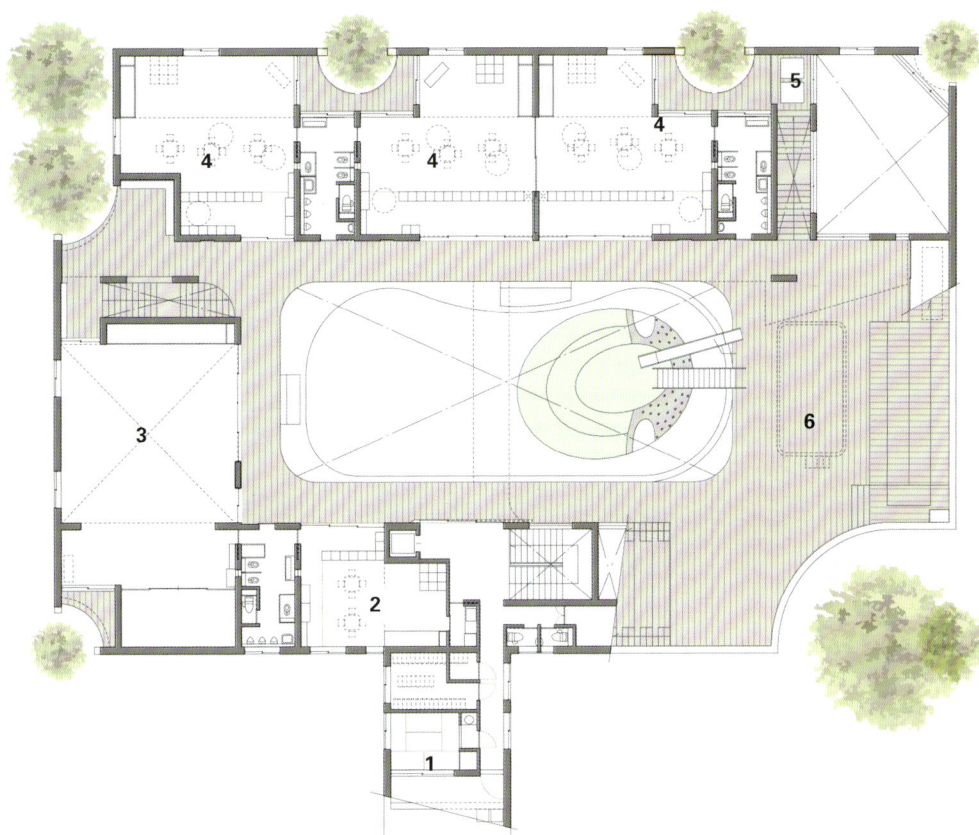

二层平面图
1.办公室
2.临时育婴室
3.活动室
4.育婴室
5.积水罐
6.露天平台

第三章
家具及材料的
设计与选择

　　幼儿园内的家具设计与材料的选择是相较于其他空间更令设计师重视的。家具和材料的安全性无疑是其中最应该重视的一个主要部分，然而在这个技术与信息飞速发展的时代，对于当今有了更高需求的幼儿园来说，家具的设计和材料的选择也有了更多的突破与发展，人们注意到在以安全为主要宗旨的条件下，家具、设施这些幼儿在幼儿园直接接触的物品也是直接关联着幼儿的身心发展的，因此，设计界也逐渐在幼儿园家具和设施的设计方面，倾向于更有娱乐性和早教性的家具与设施。当今受幼儿园欢迎的是能在安全性和趣味性做出很好平衡的家具和设施，以及那些能创造出更多空间体验以刺激幼儿身体及脑部发育的家具和设施。

　　本章的主要目的是在幼儿园的家具设计与材料选择这个较大的议题下，去直接探讨"以幼儿为中心"的幼儿园，是如何去平衡安全性和趣味性的，是如何去促进幼儿的身心发展的。在此之前，本章仍然强调安全性的重要，在设计师的设计注意事项中，列举了全面的家具与材料安全相关要点。接下来，则从设计实用角度出发，针对设计中的难点，由几位资深的幼儿园设计师给出疑难的解决办法，搭配实际案例全面解读幼儿园家具与材料的设计与选择秘诀。

设计要点

● 出于"以幼儿为中心"的设计原则，幼儿园内家具的设计与选择应符合以下几个特点：安全性，年龄上的适配性，数量充足、样式充足，耐用、易于使用，易于清洗，灵活性和可移动性，符合幼儿的喜好，质地类型丰富，尽可能使用天然材料，令人愉悦的色彩

● 幼儿园内使用的家具中甲醛及其他有害成分含量应控制在相关地区的规定值以下。如果家具中使用合成材料，应使用可循环材料，避免使用 PVC

● 储藏家具：在幼儿园内应尽可能配备数量充足的储藏式家具。这些家具应设计的便于够取物品，易于幼儿使用。在设计的初始阶段，设计师应预估所需要配备储藏空间的家具的数量和大小。储藏家具的设计要使整个空间在家具的使用过程中显得整洁。建议设计符合幼儿身高、开放式的柜架、篮子、抽屉和带有柜门的柜子。储藏式家具可以配备柜门、盒子、箱子及挂钩，但应确保使用时不会对幼儿造成危害。幼儿园内还可以采用供教师和其他抚育人员使用的符合成人身高的架子、悬挂在墙上的柜子、储藏包、桶、箱子、垃圾桶等。幼儿使用的储物柜，对于幼儿的实际情况来说，必须是可视的、易获得、易于使用。这类储物柜建议被设计成双重用途的，例如既可以用来储藏物品，又可以作为划分空间的隔断，但应避免幼儿去攀爬的形式。展示架推荐设计成双向开放式的，所展示的效果应是整齐和雅观的

● 软体家具：尽可能地使用软体家具，但家具所采用的纤维织物应是可循环利用的。固定于家具上的织物材料应该优选容易替换方便清洗的

● 桌和椅：幼儿使用的桌椅应符合幼儿的身高等自身条件。通常，3～5岁幼儿使用的桌子高度在 300～500mm，使用的椅子高度在 250～300mm。桌面与幼儿膝盖的间隙应高于 50mm。可调节高度的桌椅是推荐的。幼儿使用的座椅可以是软体的、框架式的、立方体式的，也可以配备坐垫和靠垫，但应注意避免使用会产生窒息情况和豆子填装的坐垫和靠垫。3岁左右的幼儿教室内，教师的座椅应是有软垫和舒服的，以方便教师安抚及照顾幼儿

● 幼儿室内活动空间所需基本家具：书架、图片展示架、床、高在 300～400mm 的木制座椅、高 450～550mm 的木制桌、黑板、高不低于 600mm 储物柜、玩具储物柜、幼儿衣物储藏柜、教室衣物储藏柜、垃圾桶、晾衣架

● 室外活动空间设施：室外活动空间所用的设施应是能刺激幼儿去玩耍和挑战的，但应能确保安全，将危险降至最低。设施的结构应是多样的，能允许幼儿重新组装开发想象力。决定室外活动设施质量的因素包括耐用性、维修率、材质、安全性、功能性、趣味性。推荐用在幼儿园室外活动设施的材料包括可回收的塑料或者可回收塑料与木材的结合，主要是因为这类材料具有一定的耐用性，并且不受环境的影响可以防风雨侵袭

● 室外活动空间设施类型：主要的室外场地设施包括滑梯、轮胎秋千、攀爬设施、玩沙和水的游戏桌、玩具房屋、长凳和座椅、穿越式通道、平衡设施、带轮玩具、平台或阁楼、垃圾桶等

● 幼儿园内所用材料的甲醛含量根据各国、各地区的具体要求，控制在最少范围。喷涂材料时，应先安装会释放有害气体的材料或家具，再安装有吸附能力的材料和家具。新幼儿园投入使用之前，应给与充足的时间使幼儿园通风，释放家具和材料中的有害气体

● 选择材料时应考虑以下几个因素：耐用性、维修需求、使用周期成本、适应性和美观性。根据"以幼儿为中心"的原则，推荐使用以下几类材料：可循环材料、本地加工材料（较少的运输成本）、非稀有木材、生物基材料、清洗要求低的材料、使用寿命长的材料

● 建议使用那些幼儿园熟悉的材料，例如在幼儿园中应更多地使用砖而不是使用预制板，因为砖这种材料大小对于幼儿来说更常见，这利于幼儿在幼儿园中感受到家的氛围

● 幼儿园应更多地使用天然材料，并且材料在质地、色彩和形状上应保存种类的平衡

● 在对材料的安装和喷涂过程中，安全方面应符合以下几点要求：使外拐角变圆滑；使用无毒的喷涂材料；安装硬木材料时要去掉锐利的边缘和碎片；给地板作防滑处理；填补或弥合材料界面之间的缝隙以利于清洁，并能防止绊倒幼儿的情况发生；使用那些在潮湿的环境下不受影响的材料；在游戏设

雨伞下的幼儿园

地点：德国，柏林
面积：283 平方米
设计：baukind 建筑事务所
摄影：安妮·德普

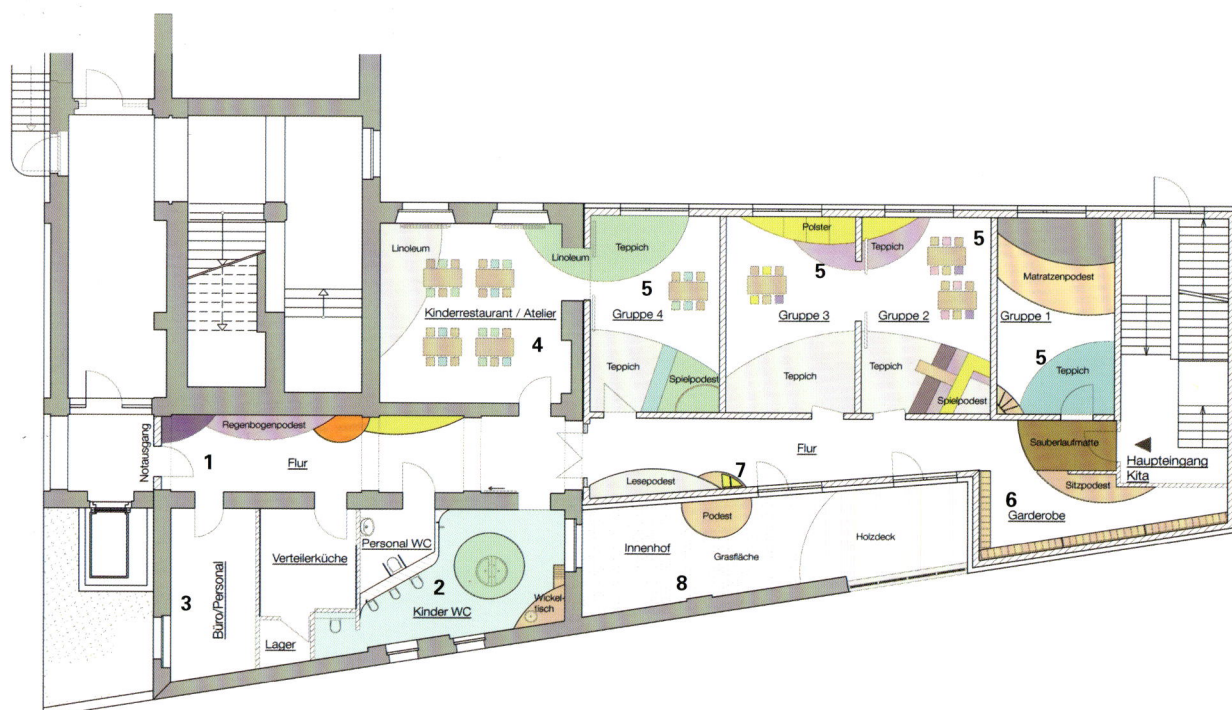

平面图
1. 入口
2. 卫生间
3. 办公室
4. 餐厅
5. 教室
6. 衣帽间
7. 走廊
8. 室内庭院

项目简介：

自"雨伞下的幼儿园"开门营业起，已经有 42 个孩子在这 283 平方米的空间中获得放松、玩耍和成长。用最真诚的语言表达，它是天堂一样的地方。在这间幼儿园里，一切都与云、风和天气有关。

Baukind 建筑事务所受邀为这个项目进行规划服务、项目管理、防火设计以及内部和设施规划。此外，设计团队支持客户申请资金，并接管了所有联邦办公室的协调工作。

A 家具和设施可以选择有趣的主题。

这个幼儿园的创意来自托儿所正对着的一座公共喷泉，建于 20 世纪 60 年代。喷泉用青铜铸成，呈现出雨伞下站立拥抱的两个孩子。设计团队和建筑商立即明确了幼儿园的设计要围绕这一概念展开。

A 家具和设施应能辅助孩子的运动发展。

运动是幼儿园里一项非常重要的内容，所以 4 个房间里各自都有一个游戏平台。孩子们可以在平台上嬉戏、攀爬、玩耍、滑滑梯或放松。

走廊上有发光的彩虹。与其他彩虹不同的是，你可以在上面行走和玩耍！孩子们喜欢在平台上爬上爬下。彩虹也恰好可以作舞台使用，孩子们可以在那里找到装满演出服的盒子！

A 设施可以兼具多种功能，例如既能起到装饰作用，又能起到学习作用或者娱乐作用。

在这所幼儿园里，你可以在云上漫步：不同楼层上的光亮漆面云朵、云朵造型的油毡和黑板——孩子们可以在这里画出内心最深处的想法。一部分混凝土被涂上了白板漆——作为服务父母的信息板使用。

孩子们的厕所设计也是幼儿园的一个精彩之处。设计团队专门设计出了这个有趣的圆形水池。孩子们可以在这里玩好几个小时。

柏林 HISA 幼儿园

地点： 德国，柏林

面积： 420 平方米

设计： baukind 建筑事务所（建筑设计），GKW Lichtplanung 照明设计

摄影： 安妮·德普

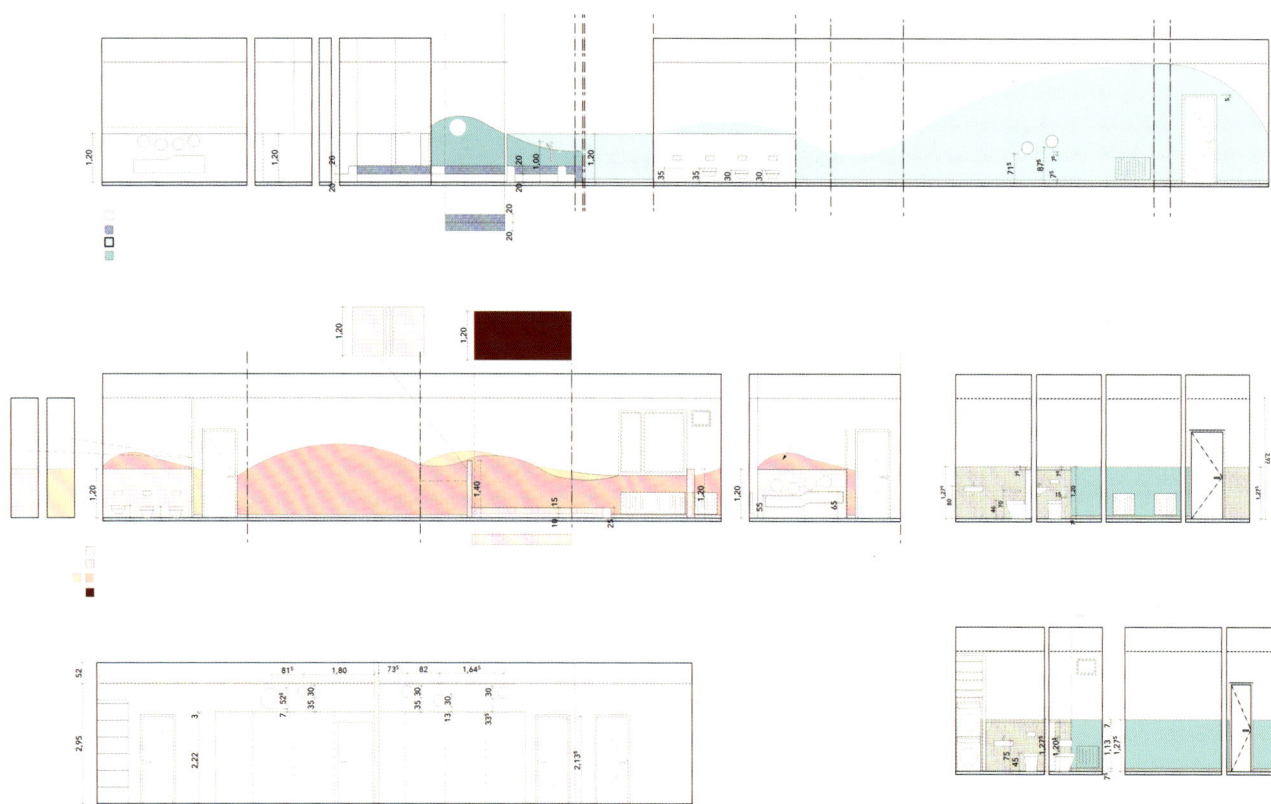

色彩示意图

项目简介：

baukind 建筑事务所将这个 420 平方米，曾经相当阴暗的商店改造成一间温馨友好而又鼓舞人心的幼儿园，为 70 个孩子提供服务。

baukind 的设计理念侧重于激励孩子成长和发展的智能设计。因此，设计自始至终呈现一种友好、轻盈的感觉。

内部空间的功能方面由家具和储存功能主导，传播快乐的氛围并确保安全。

A 以孩子的角度来设计空间中的家具。

baukind 着眼从孩子的角度进行空间设计。设计秉承打造教育利好环境的目标，但同时从孩子们的需要出发，理解他们，并且帮助他们发展个人的力量和创造力。例如，baukind 设计鼓励交流，激发孩子们探索周围的好奇心，为孩子们留出一定空间，独立完成自己感兴趣的事情。室内空间使用木材、油毡和地毯。

A 注重安全性同时吸引孩子的探索欲，不同空间的家具既要有关联又要因功能的不同有所差异。

设计方案鼓励孩子们独立成长，为运动中的孩子们提供支持，并根据自己的兴趣去探索周围的环境。

墙上的小窗在视觉上将不同空间连接在一起。虽然大部分区域进行了合并，但衣柜和浴室等特定区域仍需要分开。因此，这些空间与其他区域由一贯的配色方案和圆形等特殊属性联系在一起。

A 家具设计也需要恰当搭配色彩和光照。

建筑师们通过在正面墙壁上打开新的窗户，以及间接光照和玻璃墙组成的精心设计的照明系统把光线引入了空间最黑暗的地方。

为了让光线进入黑暗的区域，幼儿园需要采取相当开放的格局，室内设计方案强调在不使用真正分隔物的情况下，为不同区域提供足够的光照。

精心设计的色彩方案支持每个房间的目的与功能，同时也在幼儿园内营造出一致的氛围。

某些房间里的色彩方案鲜明而活泼，鼓励孩子们活动起来。其他房间的色彩则柔和而舒缓，为孩子们创造出舒适的氛围。

Tandu 幼儿园

地点：以色列，海法
面积：180 平方米
设计：SAAB ARCHITECTS 建筑事务所

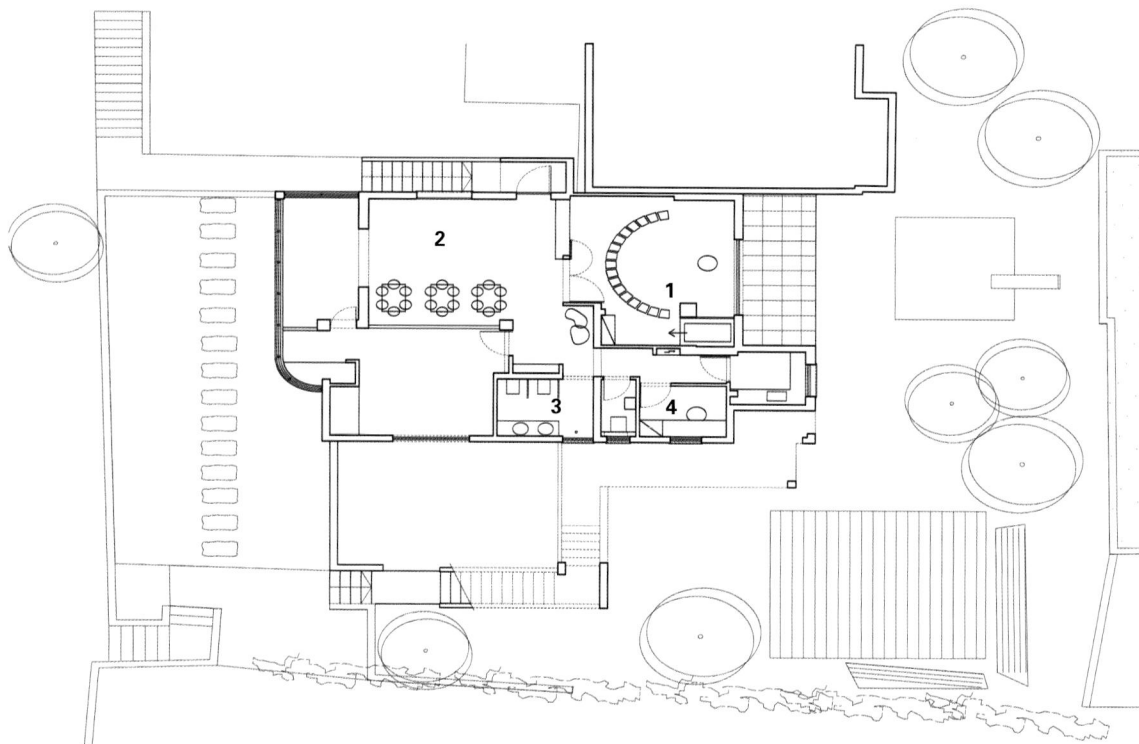

平面图
1. 活动室
2. 教室
3. 卫生间
4. 办公室

项目简介：

该幼儿园位于一栋现有的两层楼里，这里曾经是两套大约 90 平方米的私人公寓。这座建于 20 世纪 60 年代的建筑坐落在海法市的一条中心城市道路上，周围环绕它的是一处空旷的庭院。

设计团队需要对幼儿园教室进行规划，这些教室将服务最小 6 个月，最大 5 岁的幼儿；婴儿和学步期的幼儿被安排在一楼，年龄稍大的孩子在楼上，院子里是共用的操场。

幼儿园的设计从教育出发，强调尊重孩子，平等地对待孩子，从不以居高临下的态度对待孩子。

根据这个观点，孩子只是一个"缩小版"的人。因此，一个能够使成年人感到和平与安全的氛围也同样能够使孩子们有相同的感受。设计团队因而追求的是一个令人愉快、容易理解、且冷静和实用的环境。

通过精心的规划和正确选择打造出的适合儿童活动的环境将会对孩子们起到激励作用，并为他们提供身心发展所需的宁静、好奇心和兴趣。

A 家具和设施设计的基础是确保材料和配色可以使幼儿园的环境充满家的温暖，并且明亮和愉悦的。

在关于项目空间本质的讨论中，不断出现的高频词包括：温暖、愉快、诱人、明亮，甚至是"像家一样"。这些特性让我们选择桦树作为设计的主要材料，发挥它温暖，但又轻盈的特质。

设计师选择了欢快但又有所克制的配色，作为对主题特质的一种补充。所选的颜色沿用了现有幼儿园品牌形象中已有的色彩。

项目中所使用的材料如彩色胶木、工业标准的 PVC 地板和下沉式照明装置均采用耐磨耐用材料，极大地方便了幼儿园的日常维护。

重复的圆形图案是设计中的一大特点，它以各种形式出现：PVC 地板图案，木工的窗口和把手，石膏天花板上的下沉式和半下沉式照明装置，入口处的窗户，甚至浴室的配件上都可以见到。

A 定制家具应具备灵活多变、能促进孩子活动能力的发展，方便孩子存储和拿放物品等几个特点。

幼儿园的室内设计包含了许多在日常运作中发挥着重要作用的指定木工项目，并允许特定空间的使用，包括：

· 能够根据需要合并、分割活动区域的可移动间隔

· 具备窥视、爬行和攀爬功能的趣味性元素组成的固定间隔

· 特别设计的家具，比如孩子们存放个人物品的橱柜，存放书籍和玩具的书架，床垫的"隐藏"壁橱，尿布台等

· 特定墙面完全由软木覆盖，用于悬挂装饰物，展示孩子们的艺术作品，同时也是孩子们的活动空间

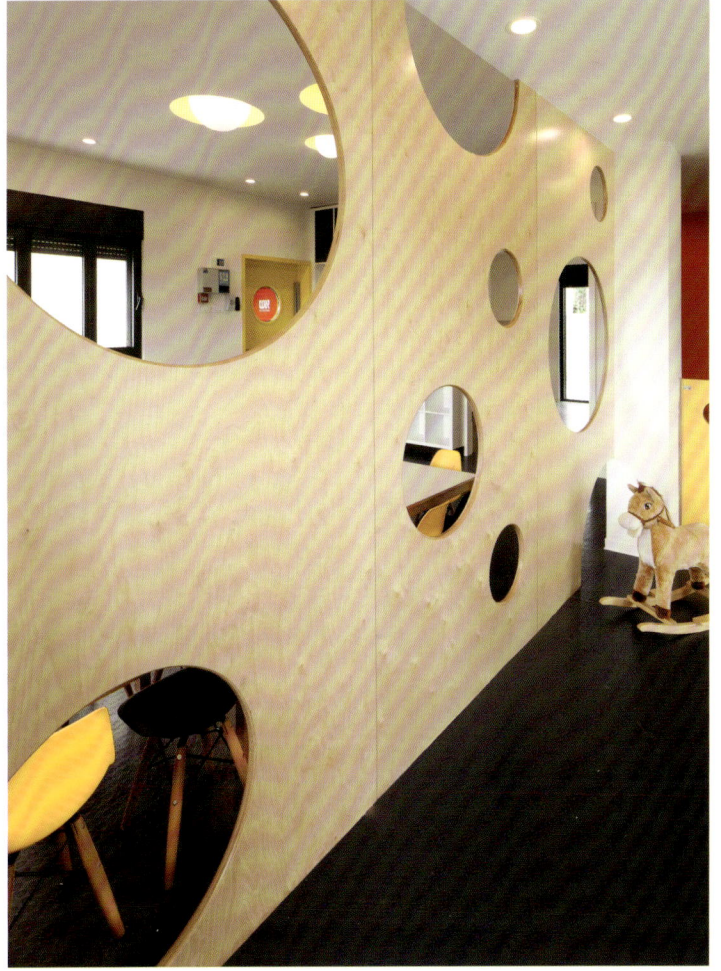

深圳爱波比幼儿园

地点： 中国，深圳

面积： 630 平方米

设计： 周婵、程枫祺

摄影： 何远声，圆道设计

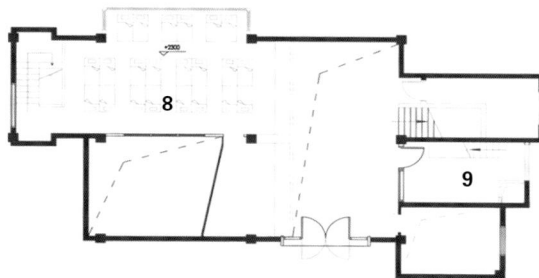

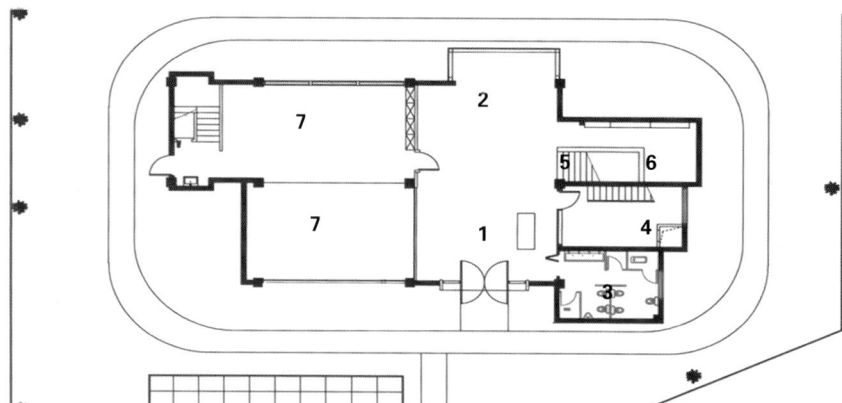

平面图

1. 入口
2. 综合活动区
3. 卫生间
4. 办公室
5. 楼梯
6. 换鞋区
7. 卧室
8. 储藏室
9. 艺术教室

项目简介：

新时代的儿童教育该是怎样的？这个问题是这几年国内的儿童教育领域人士一直在思考的问题，毕竟在这个时代，儿童的教育已经不是简单的训练或娱乐，而是更科学的培养儿童对于这个世界的感知，从而培养儿童自己的心智。设计师对于这个问题也必须与时俱进。

本案以感性兼理性的态度对儿童空间做了新的探讨，抛弃传统儿童空间惯用的纯感性象征，加入了现代儿童教育的设计思路，建立一个集合教育、科技、艺术、互动、多感知的成长环境。项目位于深圳蛇口鲸山别墅区内，是深圳绿化程度最好的高档别墅区。为了形成楼体与周边环境的和谐关系，同时提供给孩子更亲近大自然的成长环境，设计中在材料方面做出了很多突破。

A 从孩子的视觉和触觉入手，增加空间内孩子与自然材料和阳光接触的机会。

设计中使用了经过环保木蜡油处理的木材作为主要材料。而简单不规则的线条，以及大量木材在内部空间的使用，让整体空间显示出温暖、安全的感受。

另外，为了能让阳光以及户外的景色尽量进入内部，每个空间对于窗的使用都进行了反复的研究，必须同时考虑儿童的视野及安全。另外还有一种全封闭的落地玻璃的使用，则是为了让室内与户外尽可能的充分结合。

为了锻炼儿童身体平衡的感知力，设计师在选用室内地胶的时候，特地选择了在保证儿童安全的同时，又能够训练小孩的平衡力的柔软度的地胶。

A 利用墙体、坡道和玻璃元素促进孩子的空间感和人员之间的互动性，让室内活动更多样化。

该项目楼体的面积其实并不大，为了突显空间感同时又满足功能，设计过程中对尺度的规划做了大量研究。比如大角度倾斜的墙面，一方面"偷"出了空间，另一方面又制造了非常简洁却有趣的空间感受，另外在多个空间之间使用了玻璃的元素，一方面增强了空间感，另一方面对于儿童与家长、儿童与老师之间的观察和互动性也变得更容易。

互动式教学系统是该项目重要的一环，所以在处理内部墙面的时候，在不同的位置设计了一些留白空间供投影教学，在这一环节，同时还要考虑光线对投影的影响及儿童观看时的距离及互动空间的尺度。

幼儿园内还有部分小斜坡设计，也是为了让孩子在活动时身体感知得到全面的发展。

第四章
色彩的搭配与选择

　　色彩对于幼儿来说有着很大的影响力。在幼儿时期，色彩对人的大脑发育与行为能力有着深远的影响。通常认为，冷色系的空间可以让人感受到宁静，而暖色系的空间可以营造温暖的感觉或者让人产生兴奋的感觉。在幼儿园内，不宜单一使用暖色或冷色，而应根据各种因素，例如空间功能、幼儿园教育理念、幼儿园设计主题等"以幼儿为中心"去选择和搭配色彩。

　　本章将围绕幼儿园内色彩搭配与选择的设计要点和设计疑难两个部分来进行解析和讲解。

设计要点

● 在幼儿园的空间中，采用过于强烈的色彩应是避免的，因为这有可能会过度刺激幼儿的视神经，造成过于兴奋的行为

● 在护壁板之上的主导色彩应采用中性色彩，反射率应达到80%或者以上。在楼梯和教室的后墙上可以选择更强烈、更活泼的色彩，反射率应达到65%

● 由于孩子本身所穿的服饰是多彩的，并且空间内的玩具和艺术品也是色彩丰富的。因此建议不要在墙壁上使用原色，幼儿园空间内有较少的颜色组合会比过多的配色对幼儿的活动与作息更有益

● 避免在墙上和地面上使用复杂的图案

● 可以根据空间的功能恰当选择色彩，用颜色来作为不同空间的标识，用色彩去引导幼儿识别空间

疑难与解答

　　色彩搭配在幼儿园设计的各个阶段都会与其相关，因此很多时候会遇到一些相关的问题：例如如果没有指定的设计主题，如何去选择幼儿园空间内的色彩？如果有指定的设计主题，那么如何去选用色彩来烘托主题？什么样的色彩搭配能够帮助孩子的身心发展？

　　面对这些问题时，一些成功案例的设计师是这样用他们的案例来回答的。

Q 如何为幼儿园选择设计色彩？

A 　幼儿园采用的色彩应充满活力，创造一个充满活力的环境，牢牢吸引孩子的眼睛，激发每个孩子的想象力，其中的配色自成一体，要非常注重细节，这样既可以培养孩子敏锐的洞察力，还可以打造出舒适、快乐的氛围；空间内颜色起到让空间显得更宽敞，适宜做各种活动的作用。

——尤金伲亚·曼塔，米哈伊尔·普罗韦伦约斯，

Nipiaki Agogi 幼儿园

Q 如何用色彩烘托幼儿园的主题？

A 　明确幼儿园提倡的教育理念，确定与主题相关的主题色，贯彻所有空间。例如主题与海港相关，幼儿园空间内用色彩去表示水的潮湿、太阳的闪亮以及周围的船只，这种呈现的方式如此敏感，给人留下无限的想象空间。主题色彩应该与主题相关的娱乐设施相联系，并在特殊的教育设施上点缀跳跃色彩起到导向和开发孩子思维的作用，例如以海港为主题的幼儿园，设计师建构了一个清晰而敏感的色彩方案，家具的色彩可以让孩子进行联想，入口大厅的长椅让人想起海滨码头，衣橱中的储物箱让人想到港口集装箱。

——baukind 建筑事务所，

汉堡海港城 CompanyKids 幼儿园

Q 如何让色彩和空间规划相结合促进孩子的探索欲？

A 　使用色彩可以依据空间的规划，根据幼儿不同年龄的生理、心理特点来进行搭配，例如 3 岁年龄段孩子的主要活动区域采用的是暖色和大地色，3 岁以上年龄较大孩子的活动空间采用充满活力的黄色和橙色过渡，最大的孩子的活动空间用各种绿色和蓝色包围；不同色彩的空间搭配依据不同年龄定制的家具可以成为多种多样的玩具，建立孩子的探索能力和创造能力。

——baukind 建筑事务所，

基塔·辛纳斯瓦德尔幼儿园

接下来的几个案例，是设计师根据疑问通过案例进行的详细解答。

Nipiaki Agogi 幼儿园

地点： 希腊，雅典

面积： 200 平方米

设计： 尤金伲亚·曼塔，米哈伊尔·普罗韦伦约斯

摄影： 尼科斯·阿历斯波

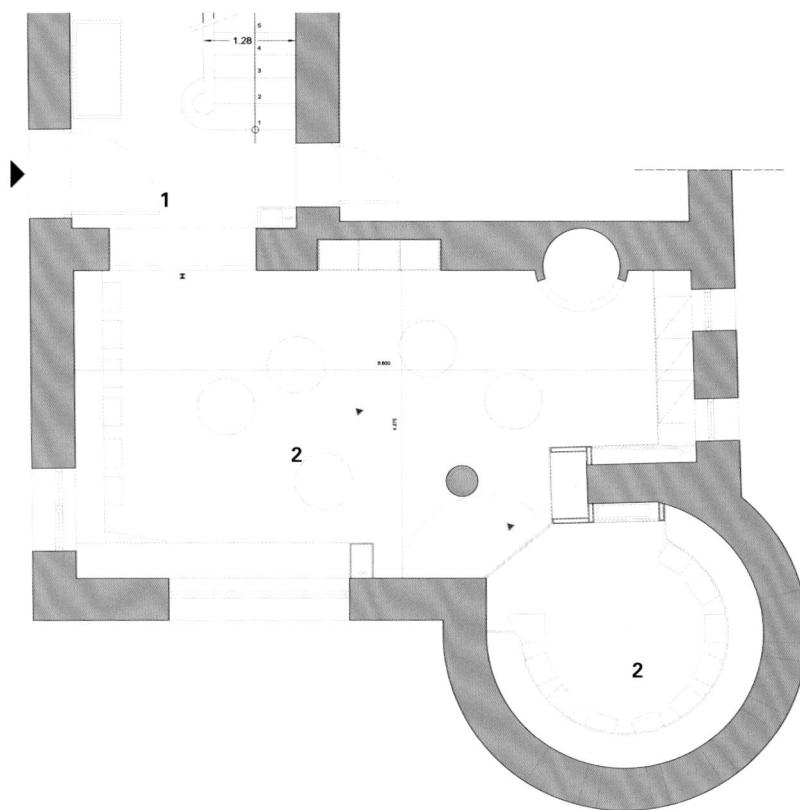

平面图
1. 入口
2. 教室

项目简介：

Nipiaki Agogi 幼儿园坐落在雅典北郊。雅典的建筑公司 PROPLUSMA arkitek 近期对其进行了翻新。考虑到建筑独特的历史特征，项目的主要目标是突出幼儿园的特定形态元素，打造一个大胆而现代的室内空间。

(A) 幼儿园采用的色彩应充满活力，并能激发孩子们的想象力。

整个幼儿园的室内充满强烈的艺术气息和活力十足的配色，从而创造了一个充满活力的环境，牢牢吸引孩子的眼睛，激发每个孩子的想象力。

在以上元素的基础上，项目最终呈现一个自成一体的，又非常注重细节的设计。设计展示出与孩子相关的相当强的敏感性，还打造出舒适、快乐的氛围，同时满足所有必要的安全和卫生标准的环境。

A 空间内颜色起到让空间显得更宽敞，适宜做各种活动的作用。

项目主要设计师尤金伲亚·曼塔和米哈伊尔·普罗韦伦约斯在近期一次采访中表示："为 2 ~ 6 岁的孩子进行设计是一项非常具有挑战性的任务。我们希望创造一个既能拥抱孩子，又让他们在运动中有充足空间和很大灵活性的空间，同时也能满足他们的特定需求和各种活动。"

255

汉堡海港城 CompanyKids 幼儿园

地点： 德国，柏林

面积： 2,500 平方米

设计： baukind 建筑事务所

摄影： 安妮·德普

平面图
1. 办公室
2. 卫生间
3. 教室
4. 更衣室
5. 活动室
6. 父母交流室
7. 餐厅

项目简介：

在汉堡新区"海港城"，baukind 建筑事务所为 Pme familienservice 公司完成了总部设计。该公司提供支持家庭和事业的和谐的多种服务。

这个总部包括一个幼儿园、一个 25 人的办公室和一个 100 人的研究空间。

所有的室内空间、装置设备和细节设计都由 baukind 建筑事务所设计完成。在总承包商 otto wulff 施工的两年时间里，建筑师们还作为规划专家为客户提供了支持服务。

Pme familienservice 公司希望借助专业室内设计的优势，以独特的方式重现打造公司形象。设计团队对客户的这种诉求非常认同，因为建筑师们相信，每个公司都用他们的内部空间讲述着一个故事。想到利用这一特点是十分聪明的。

在设计团队打造出的设计理念中，每个区域都有其独特的需求，但同时整体空间仍体现公司的精髓。他们为儿童进行空间和建筑设计。而设计中最重要的始终是开放的灵感，一个清晰而敏感的色彩方案，为导向和康体提供支持，鼓励人们走动，同时满足孩子们的好奇心。

A 明确幼儿园提倡的教育理念，确定与主题相关的主题色，贯彻所有空间。

幼儿园的室内设计让人想起了海港的概念，水的潮湿、太阳的闪亮以及周围的船只。呈现的方式如此敏感，给人留下无限的想象空间。

清晰的色彩概念贯穿于三个空间中的各个角落，营造出一种专业但又亲密的感觉。这个总面积 2,500 平方米的项目成功地实现了室内空间对企业形象的支持作用。

A 主题色彩应该与主题相关的娱乐设施相联系，并在特殊的教育设施上点缀跳跃色彩，起到导向和开发孩子思维的作用。

项目以相当抽象的方式呈现了最初的"海港感觉"，例如入口大厅的长椅让人想起海滨码头，衣橱中的储物箱让人想到港口集装箱。配色以蓝色和蓝绿色为主，辅以铁红色、黄色和光滑的橙色高光——尤其是在幼儿园导向和康体区域，鼓励人们走动，同时满足孩子们的好奇心。

基塔·辛纳斯瓦德尔幼儿园

地点： 德国，柏林
面积： 700 平方米
设计： baukind 建筑事务所
摄影： 安妮·德普

平面图
1. 入口
2. 教室
3. 卫生间

项目简介：

这间位于柏林的辛纳斯瓦德尔幼儿园可容纳 65 名失聪儿童。三层空间里，墙壁上的大面积动物形象引导孩子们进入自己的房间。

夏洛滕堡的海伦·凯勒学校 700 平方米的校舍里，有很大一部分空间提供给了辛纳斯瓦德尔公司，帮助他们打造出自己的幼儿园。

项目的挑战是在建筑中设计一个既有趣味性又适合儿童的导向系统。设计团队希望打造出孩子们可以自由探索的房间，同时也是休息的安全之所。

树是成长和发展的象征，也是设计理念的灵感来源。项目中的三个楼层分别代表树木的根、树干和树冠。Baukind 建筑事务所与 Atelier Perela 工作室合作开发了一套配色和动物形象，与树的根、树干和树冠三部分相呼应并和谐共存。这些动物形象引导孩子们从大门到他们以这些动物命名的活动教室：狐狸组、兔子组等。

A 使用色彩和空间的规划依据不同年龄的生理、心理适应力来搭配和划分。

一楼是一到三岁年龄段孩子的主要活动区域。这里采用的是暖色和大地色，从紫色、棕色到红色，象征着树的根。一楼的所有家具都适合低龄的儿童使用。这层的动物形象是一只虫子和一只兔子，它们都是在树干附近活动的动物。

经过充满活力的黄色和橙色过渡，来到二楼，这里是 3 岁以上年龄较大孩子的活动空间。

三楼轻盈振奋的各种绿色和蓝色包围的是年龄最大的孩子们。三楼描绘的是树冠和两种典型动物：猫头鹰和松鼠。这里鼓励孩子们去触摸天空，放飞他们的想象。

A 不同色彩的空间搭配依据不同年龄定制的家具，家具可以成为多种多样的玩具，建立孩子的探索能力和创造能力。

二楼的家具和房间布局鼓励孩子们在不需要玩具的情况下玩耍、搭建和探索！一只狐狸和一只鹿引导着孩子们来到他们的房间；这两种动物都代表树干周围的区域——依然脚踏实地，但已经在延伸和生长。

位于二楼的餐厅可以容纳 65 个孩子。这里的桌子和凳子都是 baukind 建筑事务所的设计作品；它们的尺寸各不相同。这些桌椅不仅在午餐时间使用，还可以作为建筑材料实现各种想法和组合。餐厅也以这种方式充当娱乐和活动的场所。

带有可移动装饰的松鼠平台鼓励孩子们构建自己的创意场景。它还可以作为一个温馨柔软的休息场所。

索引